第一次愛上自己

郭德芬（玫瑰老師）著

發現來自靈魂的訊號

每一次轉世投胎，
我們的靈魂都會落在健康無虞又堪用百年的肉身上！

all in love with yourself

目　錄

第一篇　身體是靈魂的接收器

有許多朋友也曾「聽」到有人在叫自己的名字，
猛然轉身時發現周遭並沒有人在叫自己！

這很小但是卻又特別清晰的聲音經常被聽到的
人忽略；事情過後，很自然地也不會把它當作
甚麼了不起的大事而被遺忘；這真是很可惜的
一件事！

2. 靈魂和靈魂之間不可思議的傳輸能力　　36

靈魂之間的傳輸能力總是存在著，不論是往生靈傳輸給活著的人，或是兩個活生生的人在無法見面的狀況下，靈魂彼此交流思念著！

當你正想著某人時，卻接到那人打來的電話或者是收到 LINE 的訊息；這就是靈魂和靈魂之間的，感應！

3. 來自靈魂的訊息內容

回想我開始接收訊息的時候，訊息全都是以「圖片」或是「影片」的形式呈現在我眼前，而且都是在我清醒的時候發生！

不會害怕嗎？許多朋友這樣問我！

剛開始，真的會害怕！

因為不知道這些畫面是誰給我「看」的！

是神？還是鬼？

有了疑問，才有了害怕的感覺！

團修的時候，坐在我身邊的同學，都會覺得我身上散發著一股「熱氣」；這就是「能量傳導」，也就是磁場效應！

搭捷運的時候，或是走在路上；只要與某人靠得太近，各種病痛和不舒服都會在我身上發生，這是感應也是磁場效應引發的「干擾」！剛通靈的時候，我無法控制經常被這些磁場擾亂了自己的平靜；等到靈修到了高階的時候，這些干擾就會不翼而飛！

第六感和直覺力，是靈異體質的人最需要「整理」的靈能；不要害怕短暫的干擾，堅持靈修讓靈魂勇於承擔吧！

5.「卡陰」就是身體磁場被干擾　　　78

卡陰，對肉身來說，是非常嚴重的「干擾」；

因為卡陰，會改變肉身能量並消耗陽氣！

不斷流失或是耗損陽氣，會降低人體的免疫力

並使肉身產生「病氣」！

調整並轉換良好的氣場，負能量和陰氣就不容

易靠近！

6. 通靈現象，

是接收靈界訊息的一種確認形式

每天睡前靜坐五分鐘，是我多年來的習慣！

對我來說，這五分鐘並非「禪定」，而是讓靈魂「復原」！

不管是不是通靈人，都要對自己的靈魂，負責！

找到屬於自己的那把鑰匙，用它開啟藏在心魂深處的人生功課吧！

不要妄想通靈吧！

但是請記得善待自己的，靈魂！

第二篇 發現靈魂（真我）和
　　　　肉身（假我）溝通的真相

真我，不是靠拜拜就能有效發現的！

用寧靜的心靈，沒有情緒干擾的智慧慢慢發現

「真我」存在的事實！

找出「真我」，才能找到接收訊息的方法！

9. 用靈魂的力量療癒自己

自從通靈以後，我用「靜坐」讓自己回到「真我」狀態，並提高自己的能量場域！

來自低處的負能量（病氣和穢氣），是無法靠近高能量場域的；水往低處流，負能量和陰氣也是如此！

每天十分鐘，讓自己回到「真我」的靈魂狀態，就可以照顧自己的健康喔！

有位朋友的媽媽往生兩年，因為遺願未了魂魄

有罣礙而進入了另一位朋友老婆的頻道裡，往

生媽媽希望這位朋友老婆可以幫忙傳個話！

這位被往生靈干擾的朋友老婆，身體痠痛不已，

看醫生也未見好轉！

後來我接手處理了這位往生靈，被干擾的朋友

老婆身體才回復正常！

我要說的是，身體的病痛，有時並不是肉身的

問題，而是靈魂給我們的「訊號」！

了解自己的本體靈需求，才能讓自己，更健康！

11. 七個脈輪是人體生命能量的轉運站　142

人體內，每個人都有的七處能量點，叫做七輪！

每一輪，都有一顆「珠」。

靜坐時，呼吸要到達每顆珠的位置，然後想辦法

穿透它，使珠凝聚更強大的光明；這同時也是練

習「拙火」的基本功夫！

拙火活動，由腳開始沿著脊椎到頭部，再下行到

臉，喉嚨，最後停在腹部；所以七輪之中，腹輪

位置很重要！

關係到拙火的三個輪位：底輪，心輪，眉心輪

自發性拙火覺醒之人，身體會比常人更健康！

12. 運用色彩開發七輪去除病氣

開發七輪，可以讓身體氣場流暢；沒有氣阻現象肉身自然就不容易生病！

除了靜坐，抄經可以協助運轉七輪之外，使用「顏色」也可以幫助七輪運轉喔！

靜坐搭配五行顏色加上五行蔬果，就可以幫助七輪養成七顆「珠」，也可以去除病氣讓我們更健康！

愛上最原始的自己

最原始的自己，就是靈魂（真我）！

當我們還沒有身體（肉身）的時候，靈魂（真我）就
已經經歷過不知道多少次的，轉世。

在還沒有當「人」的轉世經驗時，我們的靈魂，可能
在動物或是植物上，演進；甚至是在雲霧海河上，飄
搖！這些轉世經歷，是靈魂（真我）的成長和學習；
每一次每一世的靈魂體驗，都會讓靈魂（真我）更上
一層樓！

你的靈魂（真我），降臨在今生現在這一世，是靈魂
（真我）的選擇！靈魂（真我）知道每次轉生的學習
和得以讓靈魂（真我）精進並提升的必要轉世經驗，
所以決定帶著所有前世的靈魂記憶，來到今生。

在談論「今生」的同時，有一個認知是你在翻閱本書之前必須先建立的，它就是「**你今生擁有一個身體（肉身），但並不代表你的靈魂（真我），只是一個身體（肉身）而已**」！

靈魂（真我），是一個比身體（肉身）更高層次的，靈魂體；轉世投胎時，靈魂（真我）為了需要一個殼，所以選擇了我們的身體「肉身」，寄居。因為必須要有一個身體「肉身」，所以身體「肉身」是靈魂來到今生的，選擇！不過，這樣的選擇並不是由靈魂（真我）一個人完成，而是伴隨「業」才能得到最後的「抉擇」！這一切像是一場轉世遊戲，遊戲規則十分明確，是由「業力」和「因果」及「人物」交叉**對比之後，才能定案讓靈魂（真我）來到地球這個次元**！

坦白說，地球這個次元和靈魂（真我）的次元是有層級上的差別的；簡單的說，地球比較低層，靈魂比較

高層！換句話說，也就是身體「肉身」比較低層，靈魂（真我）比較高層！

身體「肉身」比較低層，其實是有特別用意的，是為了讓我們先「遺忘」一些關於「曾經擁有」的過去世的，靈魂記憶！這是為了要讓我們可以全心全意地投入今生這場人生遊戲的各個角色，並扮演好每個人生角色！等到你把今生關於身體「肉身」的感覺發揮到極致的時候，靈魂（真我）就會及時現身並幫助你完成與宇宙大能的各項連結與維護身體健康的七輪應用，好讓我們能得心應手地做好人生功課！

上面提到「極致」二字，怎樣才叫做「極致」？
身體「肉身」的極致就是類似感應或是感覺的「第六感」或是「直覺力」；伴隨這種感覺，其實靈魂（真我）早就隱身在裡面了！

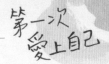

靈魂（真我）會協助我們完成「認識真我」（或說是
認識最原始的自己）的這項功課，好讓我們不至於在
來到人間次元以後，發生「忘了我是誰」的窘境，並
監督我們在人間次元的各項因果活動，看看是否偏離
了轉世時已經設定好的「人生道路」！

當你明白以上我所說的話有多麼重要時，聰明的你肯
定會提問了：
靈魂（真我）很重要，我們要如何認識靈魂（真我）？
肉身（假我）又該如何和靈魂（真我）連結呢？

親愛的讀者朋友們，不要急喔！
請靜下心來，讓我一字一句慢慢帶你們拋掉肉身（假
我）進入靈魂（真我）的，奇妙境界吧！

第一篇

身體是靈魂的接收器

前言

每個人在出生之前，生命藍圖早就已經伴隨著「業力」，「因果」及「人物」而被描繪好；或許，你可以把這些當成是生命腳本，但這並非是轉世的必要條件！一場生命之旅，最重要的一環，是你對生命之旅的「態度」和對自己的人生，所展現出的「價值觀」！比如我對自己的生命認知；誕生在我的原生家庭裡，讓我從小成為受虐兒，但我並沒有因為被受虐而放棄做自己，反而更認真更嚴肅的面對人生！（關於我的個人成長故事，記錄在我的作品《不要跟豬計較人生》中。）

原生家庭或是家族不會給我們甚麼了不起的「特殊能力」或是傲人的「社會地位」！出生以後，能夠成就自己的，肯定是自己面對生命之旅種種測試和考驗之

後所建立的「態度」和「價值觀」！這些態度和價值觀的建立，有些是延續過去世的靈魂習性，有些是在今生的生命歷練中激盪出來的「感覺」；至於是不是正確的，就要看因果和業報被限制在怎樣的範圍裡而定！

我是在「眷村」出生也是在「眷村」長大的！家庭環境和生長背景，只用一個字來形容就很完美了，這個字就是，窮！

選擇這樣的環境投胎，我是十分樂意的！毋須抱怨啊！到頭來，每個人要面對的人生大考不會因為降落在豪門之家就可以倖免業力運轉或是有任何執行上的「優惠」！這就是「人生」！

「人生」，絕對是「公平」的！

出生家庭，只能說明我們的「血統」，並不能說明我們的「能力」！各種運轉人生的「能力」，必須要靠「靈魂」的力量來完成！

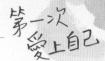

如果在出生時，就享有某種「特定的光環」，人生之
旅的考驗多半就會落在「內在力量」上；若是如此，
就該拿出「靈魂力量」來面對人生！

在靈魂轉世之旅中，我所說的特定光環是指，貧窮或
是富貴；疾病或是傷殘！如果你和我一樣，都選擇擁
有這樣的「光環」，那麼，親愛的朋友，這本書，請
你拿出靈魂的耐心，一定要「細嚼慢嚥」好好品味；
我相信這本書可以為你的「內在力量」，加分，再加
分！

來自靈魂的各種訊息，
我們的肉身都可以接收得到！

1.「聽到」來自靈魂的訊息

或許這樣的經驗很多人都有；有時會在半夜聽到從牆壁傳來的水流聲，樓上的腳步聲，移動桌椅的推拉聲；或是夜深人靜時的咳嗽聲，若有似無的嘆息聲……。

有個朋友剛剛租下一間套房，入住後每天晚上都被樓上的唱歌聲吵醒；某日，他打電話給房東抗議此事，不過房東卻告訴他樓上是空屋沒人住！朋友聽完，不惜損失一個月的押金，立刻退租走人！

不知道你是否也有以下的經驗：

躺在房間的床上卻聽到客廳有人在嘆氣；明明沒有風也沒發生地震，吊燈和風鈴卻同時搖晃；地板沒有人走動卻發出嘎嘎聲響；屋頂上好像有老鼠在賽跑，但屋頂是水泥隔層啊！

有嗎？朋友們有這種體驗嗎？

這些感覺其實都很正常！聽到這些聲音，都不是幻覺！因為**它們，確實存在！而且，無所不在！**

你看不見它們，它們存在！你看得見它們，它們也依然存在！這就有如你看不見空氣看不見風，但是你卻看得見風來時的輕煙繚繞，也可感覺輕風拂面的美妙！

超自然現象在任何一處都會發生！

低等鬼魂的流竄，是沒有選擇性的！風往東邊吹它就飄向東，風往西邊吹它就飄向西；尤其是發生過兇殺案的現場最容易聚集弱勢鬼魂，這些現象是氣場引起的氣流牽引而造成的結果，如同風引起風的流動，這些鬼魂的牽引，都是正常現象！

有些逍遙法外的靈體（死後沒有進入往生靈該走的通道）可以東飄西盪完全不受控制，因為是無行為能力的靈體所以它也無法自我控制；如果一不小心飄到你床前，當你一翻身睜開眼看到它，必定嚇個賊死！不過，你不用害怕！通常沒有控制力的靈體它也無聚相

的能力，一張大鬼臉能閃個兩秒鐘就算不錯了，想要
以鬼臉把你嚇死？那是不可能的！除非有人養小鬼，
而你撞見的是被養的鬼臉，那就另當別論！被養的鬼
臉可以持續幾分鐘，肯定會把人嚇到心臟病發作；再
怎麼勇敢的人，就算沒被嚇死也會嚇到，半死！

多年以前我曾經開過「特教班」，工友兼校長的我，
每天早上七點五十分會準時打開補習班的大門！

有一天不知道鬧鐘是怎麼回事，七點鐘到了居然沒有
響起音樂聲！快八點鐘的時候，我是被一聲「郭老
師，起床了」叫醒的！聽到這一聲我嚇壞了，立刻跑
到院子打開大門然後再以迅雷不及掩耳的手法衝到洗
手間完成盥洗，當我再衝回大門邊的時候，家長和學
生剛好也到了！一秒都不差！

真是好佳在啊！謝謝你叫醒了我！雖然到現在我都不
知道發生了甚麼事，但還是對那一聲「郭老師，起床
了」，感恩不已！

回想第一次「聽」到來自不同次元的聲音，是在小學
一年級的某個風和日麗的早上當我走路去上學的時
候！那時的我，雖然懵懂無知，但是記憶卻深刻！

從我家走到學校，大約要二十分鐘。

每天早上我和小哥一道去上學，小哥總是習慣性地走
在我前面；那天走著走著忽然聽到一聲清脆悅耳的

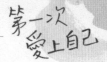

「德芬」在我身後響起!

有人在叫我,我立刻轉過頭去尋找!那當下,我以為會看到身後有人,但是,沒有!

誰啊?我在心底暗自詢問!

從聲音年齡來判斷,像是青少年的聲音,是誰呢?難道只是在跟我玩捉迷藏遊戲?

同樣的狀況發生第二次時,是在我小學二年級上學期的時候!當時是上課中,我又聽到背後有人叫我「德芬」,回頭,還是沒有人!因為身高的關係,我的座位向來都在最後一排,我的後面當然不可能有人!不過這次的叫聲,聽起來跟第一次,是同一「人」!清脆悅耳的好聽聲音,讓我至今難以忘懷!

從第二次「聽」到這個聲音之後,我告訴自己「開始提高警覺」並留意在我四周的各種聲音;漸漸的,我的耳朵變得跟狗一樣的,靈敏!不只如此,還鍛鍊出了另外一套本事——只要是我聽過的,都不會忘記!

以特教老師的立場而言,我想這應該是把「聽力學

習」發揮到了極致的境界吧！

因為「聽」，必須要有「專注力」；心神合一之後，效果自然驚人！也因為如此，每次月考幾乎都是班上的第一名，而「品學兼優」在小學六年的時光裡，是我三個班導師對我的，共同評語！

從聽到有人叫我開始，我都沒有告訴家人，只是在心底默默測試！

天上有人要跟我說話嗎？是神？還是鬼？

我的心靈意識就在這樣的狀態下，被開啟了！比一般人早了許多的強烈心靈力量，讓我順利打開了和不是人的「人」，溝通的意念！

如果你也曾出現過與我相同的經驗，不要害怕！這現象，其實多半是「真我」，也就是你的靈魂在叫你！

「叫」你名字的「人」，有百分之八十的可能，來自你的「主魂」；有百分之五十的可能，來自你的守護靈；當然，也有百分之百的可能，來自同學或是同伴之間的，惡作劇！

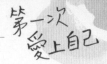

你得運用心靈智慧做出正確的判斷，然後才拿出心靈力量面對！不要盲目地相信，是「神」在叫你！神，很忙；不會無聊到與你玩這種遊戲！也不要告訴開宮廟的人，他們會說你與某某神明有緣，然後要你常到廟裡打坐，拜拜！但是，請注意喔，宮廟裡鬼氣比人氣還要旺！經常跑宮廟，只會消耗我們原本的「靈氣」，絕對不會讓你更有「靈氣」；而且一不小心還會卡到陰！

千萬要記住兩件事！拜拜，會讓我們的福氣，越拜越薄！拜拜也會讓我們身體內的陽氣，加速流失！

宮廟之中的鬼靈之多，絕非一般人可以想像的！幸福快樂的人，正能量很多，應該很少進出宮廟；痛苦的不順的充滿病氣和負能量的人，宮廟之內比比皆是！

何必跑到宮廟求升官發財？求神明免去痛苦？神明不會幫你免除所有痛苦和不順，也不會免除你該受的因果和業報，因為這不是神明的工作啊！

如果你想加持自己的人生，就先要認識自己的本體靈

魂，也就是我所說的「真我」！只有「真我」才能幫助自己渡過人生種種關卡！

真我，向自己的「內在」探求即可，不必向外求，因為它不在宮廟裡，而在你的心魂，裡面！

當你發現「真我」之後，你同時也會發現，神就在我們的心中！

神的愛充滿每個人的內在，誰都沒有缺少神的愛，大家擁有的愛和光明，一樣多！

不要有事沒事就到宮廟拜訪神靈！神靈只在三界游走，不會固定在宮廟裡！

二〇二〇年五行與不能做的事·一月

MON	TUE	WED	THU	FRI	SAT	SUN
		1. 火 白 ★ 訂盟 下聘	2. 土 綠 開工	3. 木 紫 參加 喜宴	4. 金 黃 ★ 諸事 不宜	5. 水 紅 ★ 移徒
6. 火 淺藍 ★ 進出 醫院	7. 土 橘 ★ 諸事 不宜	8. 木 粉紅 動土	9. 金 黑 ★ 探病	10. 水 淺紫 入宅	11. 火 藍 ★ 諸事 不宜	12. 土 白 ★ 進出 醫院
13. 木 黃 買賣	14. 金 紫 簽約	15. 水 灰 ★ 諸事 不宜	16. 火 淺綠 參加 喜宴	17. 土 淺藍 ★ 諸事 不宜	18. 木 白 參加 喜宴	19. 金 紅 ★ 探病
20. 水 紫 移徒	21. 火 黃 進出 醫院	22. 土 淺藍 ★ 進出 醫院	23. 木 白 ★ 諸事 不宜	24. 金 綠 安床	25. 水 淺紫 ★ 參加 喜宴	26. 火 綠 探病
27. 土 灰 開工	28. 木 紫 ★ 簽約	29. 金 白 ★ 諸事 不宜	30. 水 紅 安宅	31. 火 灰 ★ 諸事 不宜		

★號為三界提靈日；日期最下方為不能做的事

心靈短語

不要相信眼睛看到的！

2. 靈魂和靈魂之間不可思議的傳輸能力

上小學的時候，曾經發生過一件終生難忘的事！因為
這件事，讓我覺得「生」和「死」，真的只是一線之
隔！

乃千是我從國小一年級起直到四年級的同班同學。黝
黑的膚色，矯健的身手，晶亮的眼神，桀驁不馴的個
性；這就是我記憶中的乃千！

乃千與我從二年級起比鄰而坐在同一張兩人座的課桌
椅。開學第一天的第一堂課上課時，我就用左手握著
一把超級小刀狠狠的在課桌的正中央劃下一條十分清
楚的線；劃好了楚河漢界之後我很滿意又很兇的對乃
千說，不准超線！越線你就完蛋了！

乃千看著我的行為，一貫傻笑著；他沒有生氣但彷彿
也沒聽到我在說什麼！這不是重點，重點是從我警告
乃千的下一分鐘開始，乃千經常越線！

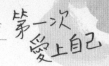

根本就是故意的嘛！

當乃千故意的行為過於明顯後，我開始對乃千手下不留情；乃千真的太皮了！

罵，摔，踢，搥，打！乃千的課本，書包，鉛筆盒，考卷，零食，衣服還有他的身體；全成了我出氣的工具！

有一天早上乃千又超線，而且超得很過份但我卻沉默不語；只是隨便看了乃千一眼就趴在桌上大哭，我哭得很徹底，根本沒空理會已經嚇到跪在桌邊求饒的乃千！

乃千後來被老師罰站在教室後面；而那天，就從那天起，我和乃千成了無話不談的好朋友！

其實那天我哭是因為被爸爸責備，爸爸不准我跳民族舞，還設下了許多要跳民族舞的規則！雖然爸爸的規則對我來說根本不難，但是那天早上我還是想哭，因為我覺得，十分委屈！

乃千被罰站是很冤枉的事！

我後來告訴乃千爸爸的無理，乃千說他早知道一定有原因，否則我不會哭！因為我從來沒在學校哭過！乃千是善解人意的小男生！

三年級開始乃千就被楊老師選去當田徑隊的校隊，而我被選上成為迎賓或歡送畢業生的民族舞成員。

當時我和乃千都變得十分忙碌，說話的時間變少了許多，所以下課十分鐘對我們來說顯得格外珍貴！

課餘時間，乃千總是在我身邊陪我玩單槓。當時的我，體型瘦小卻喜歡往高處爬；而我使用的單槓是高年級生玩的，乃千覺得十分恐怖怕我有報銷四肢的可能，所以隨時陪著我看著我玩單槓！

乃千家就住在學校旁邊的貿易七村；每天我們都一起放學回他家，回到他家，乃千先放下他的書包再背起我的書包，然後陪我走回家；我家在中正村，得走一段路才能到我家！

話說我家在中正村可是名氣響叮噹！ 出了名的家教

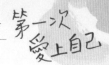

森嚴（因為家父是幫軍官上課的教官），大家都對我家投以敬畏的眼光！

乃千是第一個被我爸爸訓斥的男性同學！

「叫你不准再送她回來，你怎麼還送？」這句話，爸爸大約罵了上百次！當然爸爸不是只罵乃千，我也有份！為了這樣的事，我經常被爸爸罰抄古文；經史子集我家有很多古書，每天抄得不亦樂乎！我的字寫得又快又美，這大約是爸爸因為處罰我，而我所得到的，意外收穫！文學基本功很紮實，這也是我另一項人生成就！

就這樣一直到了四年級的某一天早上，我終於可以停止抄寫古文了！不過說起那天早上，我是沒有任何感覺的！類似親人往生前的一些感應，那天都沒有！唯一有的，大約就是早上起床的時候突然聽到乃千叫我！

我很確定那是乃千在叫我！而且是語氣有點調皮地在叫我；聽到乃千的聲音，我匆匆盥洗完畢早早就趕著

去學校！

到了學校大門口，與我交情很好的楊老師牽著腳踏車在等我，告訴了我震驚不已的事實！

清晨四點左右，乃千從貿易七村十幾層樓高的水塔頂端一躍而下，結束了自己的生命！

沒有人知道乃千為何跳下來，也沒有人知道乃千的自殺到底是「自願的」，還是「被逼的」！

那一天以後的每一天，我都在想乃千！

那一天以後，我才清楚明白甚麼叫做，悵然若失！

我停止玩單槓！因為乃千說，太危險！

我繼續抄寫古文，一遍又一遍一本又一本，彷彿乃千還在人間！

乃千的離去，是我生命中第一次感受到的，死亡的可怕！前一天放學，他還送我回家；第二天，就不見了這個人！這種傷痛，怎麼樣可以放下不去想？吃飯想他，睡覺想他；上學想他，下課想他！那段乃千離去的日子，我變得不愛說話，經常流淚！

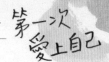

我身旁空出的座位，一直都沒有人坐！大家都不敢坐！

再也沒有人會越過我的「楚河漢界」，但是我卻越來越不快樂！每天上學走進教室，放下書包看到身旁空著的座位，我就想哭！

乃千啊！你過得好嗎？

想哭的感覺不知道過了多久，我才慢慢調整好心神！上學不再流淚，不再恐懼，也不再慌張！

乃千走後，同學們並沒有去他家上香；可能是因為他的年紀還小，並沒有看到正式的牌位！

如果乃千可以多愛自己一點點，應該就不會選擇自殺吧！好傻好傻的行為啊！

人生之旅，結業的時間和年限，是依照每個人的果報和業力來決定！一百年或是五十年七十年，因人而異。乃千才國小四年級就擅自決定「提前」結業，這讓我難以置信！

他走得前一天在我回家的路上，一如往常的說著笑話

逗我笑，完全看不出有甚麼不同之處！

他為什麼自殺？始終都是個謎！

說到自殺這件事，在靈界可是非同小可的大事啊！

自殺，等同殺人，等同越獄！

自殺的人，死了之後，是無法自首的！也就是說**自殺的人，對於「自首」兩個字是沒有使用權的！在人間死完以後，回到陰間一樣被關**，而且要關好久好久；關到忘記曾經自殺這件事，關到忘記讓你想要自殺的痛！

自殺是逃避絕非解脫！不論有任何私人的恩怨情仇都要勇敢面對，所有不公不義陰間法都會列檔存證；**壞人躲得過陽間第七法庭，也逃不過陰間第七法庭，**何需以死相搏？

乃千死後，不知道是否為自己找到了答案？至少因果上要能水落石出啊！因果上的水落石出才能照看靈魂的柳暗花明！不然，就這麼走了，豈不冤枉？

二〇二〇年五行與不能做的事‧二月

MON	TUE	WED	THU	FRI	SAT	SUN
					1. 土 淺藍 進出 醫院	2. 木 黃 ★ 參加 喜宴
3. 金 黑 ★ 下聘	4. 水 粉紅 ★ 入宅	5. 火 藍 嫁娶	6. 土 紫 安床	7. 木 藍 動土	8. 金 淺綠 移徒	9. 水 灰 ★ 參加 喜宴
10. 火 綠 ★ 進出 醫院	11. 土 灰 ★ 諸事 不宜	12. 木 淺藍 安床	13. 金 紅 ★ 諸事 不宜	14. 水 白 ★ 諸事 不宜	15. 火 黃 簽約	16. 土 黑 ★ 探病
17. 木 淺藍 ★ 進出 醫院	18. 金 白 移徒	19. 水 黃 探病	20. 火 綠 ★ 諸事 不宜	21. 土 黑 開市	22. 木 紫 ★ 買賣	23. 金 粉紅 ★ 諸事 不宜
24. 水 紅 ★ 交車	25. 火 黃 ★ 遠行	26. 土 淺綠 安宅	27. 木 藍 安灶	28. 金 淺藍 交屋 交車	29. 水 紫 ★ 諸事 不宜	

★號為三界提靈日；日期最下方為不能做的事

心靈短語

使用顏色，善用色彩能量！

3. 來自靈魂的訊息內容

三十四歲時，我因為不斷進出醫院，幾乎每天二十四小時往返急診室回診，醫院的醫生開始將我留院做檢查。

那一年，一年十二個月，我有九個月忙著住院出院，再出院住院！每次入院，都是一樣的問題，肚子劇烈疼痛！

醫院，真是不錯的醫院！而我，又特別幸運認識的都是現在的名醫！（雖然當時不是名醫，但是他們對我照顧有加，令我感動！）

我的主治醫生有三位，分別是心臟科，胃腸肝膽科和血液腫瘤科。

看吧！光是看到科別，就會讓人發抖！尤其是「血液腫瘤科」，俗語也叫做「癌症科」！

因為每次發病都是先去急診室；所以，對於醫院的感

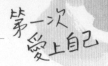

情,也是從急診室開始!剛開始認識的時候,急診室的醫護人員要打止痛針前,一定要醫生看診開單後,到藥局領到止痛針再交給護士,護士才會幫我打止痛針;後來,多次進出後,護士一看到是我,止痛針緊跟著就到,尤其是二十四小時回診,點滴和止痛針同時一起到。

什麼叫做二十四小時回診?就是二十四小時內,進出急診室兩次以上;為什麼會二十四小時進出兩次以上?因為止痛針已經止不了我的痛,而醫生開的藥,我吃了又吐出來!

那時我常常痛到臉色蒼白,心跳加速,全身直冒冷汗!汗水和淚水,使我每天要替換兩套濕透的衣服!到了後期,連大腸的糞便水都吐了出來。墨綠色的液體,味道很苦,但不會臭,因為在體內還來不及停留就已經被吐出來,尚未發酵,所以不會臭!

每次發作到醫院,醫生就會禁止我繼續吃東西!曾經多次醫生建議要使用導胃管抽出我過多的腹中水,但

是被我拒絕了！因為當時，連醫生都不知道為什麼我腹中有那麼多的水，所以我不想抽水，以免引響其他身體部位失去平衡！

住院的第二個月起，我開始了癌症的種種檢查。第一關，當然是胃癌！我的三位主治醫生共同指出最有可能的病灶所在，就是腸胃！

照胃鏡，不能打麻醉，不能在喉嚨噴麻藥因為我有心臟病兼氣喘。就像是活體實驗，我硬生生的吞下像指頭般粗的影像管。吞下去之後，還得忍受它從食道到胃上下左右移轉的痛！

口水，不斷從側躺的嘴角流出；眼淚，也不停的從眼角滾出；而鼻涕也毫不客氣肆無忌憚的狂流不止！

當照完胃鏡拔出管子後，我的臉上脖子上佈滿了眼淚，鼻涕和口水；抱著疼痛難當的胃，我哭了好久！

結果，我的胃除了慢性胃炎，並無任何發現！我闖了一關，覺得好累！

接下來大腸鏡，直腸鏡，大腸鋇劑攝影，腹部斷層掃

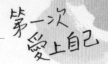

描，心臟超音波等，幾乎每個月都要接受醫生兩種以上的檢測；還好，林林總總的檢查之後，證明我並沒有得到癌症。

經過一連串檢查之後醫生並沒有閒著，開始揣測我可能是什麼病？這些病包括血液病變，因為我的血紅素只有八；小腸憩室發炎，因為肚子劇痛；心臟瓣膜發炎，因為心臟有雜音，心律不整！

在那段住院時光裡，醫院上上下下從打掃的阿姨到查房的實習醫生，大家都認識我。

混到第九個月，在農曆七月一日鬼門開的當天，我的腸胃科醫生終於找到了我肚子痛的原因；只不過是做了一次腹部超音波而已，輕輕鬆鬆就看到了二個黑點。

一個黑點只有零點一公分，在左邊的輸卵管上；另一個黑點，直徑七公分，位於我肚子的正下方。顯然，讓我痛到死去活來的因素是直徑七公分的腫瘤。

直徑七公分有多大？差不多是女人的一個拳頭那麼

大。我向醫生抗議，腹部超音波在急診室照過許多次，為什麼都沒看到？害我做了那麼多痛苦的檢查！醫生說，能看到是運氣好，有時被體液擋住，也會看不到。醫生還說，這個腫瘤在我體內至少陪我三年了，才可以長這麼大！雖然還不知道是良性還是惡性，到此時總算鬆了一口氣！

排期開刀的時候醫生問我，鬼月的外科病房空了一半，大家都不願意在七月開刀，妳怕不怕？

不怕！我大聲回答！

有什麼好怕的？我正想藉此探問天意，順便想明白自己的後福，到底有多少！這真是個好機會啊！

這一刀花了醫生不少時間，歷時五小時才完成！在恢復室中，護士猛拍我的臉，叫我醒來；當知覺回來時，覺得傷口好痛好痛！

神識回來時，我想起在開刀房看到的一切，難道是夢？我看見自己躺在開刀房的手術台上，看到醫生急救我，也聽到醫生和護士的對話！

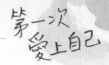

從恢復室推出來回到一般病房的路上，我還看到天花板上有影像；一團黑黑的影子，不知道是什麼！

晚上八點半，護士交代當時的男朋友（現在的先生），沒有過凌晨四點，不可以讓我睡著！那時不懂為什麼，後來才知道凌晨四點是身體循環最弱肉身陽氣最少的時候；也就是說身體狀況不佳的，在凌晨四點，很容易在熟睡狀態下就走了！

手術後第三天，化驗報告很快就出來，報告說我的腫瘤是良性的！上天果然有好生之德，聖靈是不會輕易放棄一個好人的！

神，到底存不存在？那時的我，深信不疑神靈的存在！因為我看見！

自從這一場大病後，我隨即開始了生機飲食；既然死不了，就要認真的活！感謝老天爺給我的這一場病，讓我徹頭徹尾的改變了自己。我變得更愛人，也更認真！同時也開始接受上天的徵召，開始我的天命工作！

出院以後，我想到曾經在病房和手術室裡見到的「光」！

那個「光」，我不知道要用甚麼樣的文字來形容；那應該是無法言喻的一種溫暖和無限的安心舒適！我不知道它來自哪裡？第幾次元？但我明白，當下我的靈魂是有感知的！那個被光籠罩的經驗，讓我覺得好開心！

本來在手術過程裡，我已經快死了，靈魂出體飄在手術室的天花板上；我從天花板往下看，看到躺在手術台上的自己，也看到醫護人員搶救我的畫面和他們的對話！

「光」，圍繞著我，包覆著我！

我好奇張望，覺得輕鬆自在再也沒有生病的痛苦！當我正在感受不一樣的

喜悅時，瞬間，能量被改變了！

我覺得當時是被一股力量「推」回肉身的！就這樣，所有生命儀器又滴滴滴的響了起來！

我回來了！被一團「光」，送回來的！

腫瘤手術之後，我一直沐浴在「光」的懷抱裡！

大約有八個月的時間，我一直覺得暈暈的，因為體力也還沒恢復，走路很慢很慢；但是我知道我的內在某一處，被打開了！內在被打開之後，原本心臟天天都會不定時抽痛的，不知道為什麼也不痛了！

以前生病時，從來不曾體會過「內在」！每天忙著應付身體的疼痛，完全沒感應到我的「內在」到底藏著多麼神奇的力量！

手術後我終於不再鐵齒！也終於找到內在的「真我」！

是的！因為我的內在「真我」會與聖靈連結，讓我感應到神靈的愛！在神靈的「光」裡，滿滿都是愛的力量！那個當下，我明白「神」與我同在，覺得幸福無比！有了這樣的體悟之後，肉身恢復的速度不知不覺加快了！

我開始接受訓體（訓練靈體）的時候，每天從「夢」中接收許多來自靈界的訊息！這些訊息內容，有的是

我的訓體功課，有的是來自靈界的種種測試和考驗。
剛開始的時候，我經常被這些訊息，嚇到不知所措，
一年之後才漸漸習慣！

首先，我發現某日一覺醒來可以從「手相」看到一個
人的「許多故事」！這不知道是不是特異功能，但當
時的我，其實是有一點害怕的！我後來成為靈媒之
後，才發現我看到的「這些故事」，原來就是一個人
的「前世今生」！

不久之後，我從部落格的格友「頭像」（照片），居
然可以接收到這個人的因果和靈魂特質，有時候也會
看到格主與我的雙人因果！這讓我明白，有緣千里來
相會，無緣真的對面不相識！

與「看照片」斷因果的同時，從一個人寫字的「筆
跡」，可以接收到書寫人的本命格局和生命考驗；算
命（紫微斗數和八字）奇準無比，卻成為我的基本
功！

這以後接收到的訊息讓我越來越有成就感，雖然我知

道這些並非是我的成就，我不過是神靈的轉述人（或說代言人）而已！

如今，隨著時光的推進和靈能的變化，我仍然不定時的接收到「畫面」或是「聲音」；這些訊息都與我身邊的人事物有關，有時候也會在公車上或是捷運上看到或聽到一些陌生人的訊息！

某天清晨，我已經睜開雙眼，但卻看見像夢一般的畫面。我看見我的學生（是一對兄妹），在一個小花圃旁邊玩。畫面中的我陪著兩兄妹在追逐嬉笑；突然有一個好聽的聲音在我耳邊響起「他們家有人生病了」！我可以明確的辨別是一個男生的聲音，清亮但不刺耳；這聲音傳到我耳邊十分清楚！

天亮了，我在上班前說了這個畫面給先生聽！當時先生說，妳不要嚇壞人家了（意思是要我不要說）！

上班的路上我一直思考著要不要告訴學生家長；為了怕太冒失，我決定先問學生探探口風。兄妹之中，哥

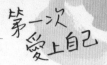

哥是資優生頭腦一等一的好，反應快也很懂事！

Eric，爸爸媽媽身體好嗎？（我終於忍不住開口了）

好啊！（學生無邪的回答我）

喔！那……阿嬤呢？身體也好嗎？（我的問話變小聲了）

阿嬤常去打羽毛球喔！（意思是身體也很好）

好吧！我想我的夢真是太無稽了！

當晚，我回家後深思，訊號明確，不該有差池才對！

心有不甘，我決定第二天要告訴學生的媽媽！

第二天早上，媽媽送學生來上課，我將收到的訊息告訴了媽媽！第三天，學生的外公就住院了；當天學生家長在辦公室接到家裡的電話，她一點都不驚慌，因為我已經預告了這一切！

在重大訊息方面,我接收到了死亡名單!不只是親朋好友的死訊,還可以接收到清晰的「死亡時間」!

至於地震水災火災等重大事故,我會在發生前二十四小時感應到或當下立即接收到訊號!

事件紀錄:2010 年 1 月 12 日 海地大地震

規模 7.0;震央在離首都太子港的不遠處。強震發生在當地時間週二下午 16 時 53 分,台北時間 13 日凌晨。這是海地有記錄以來的最大地震!兩百年的強震!地震發生後,海地平移兩公尺!

海地大地震,罹難人數上看二十萬,是史上十大傷亡最慘重的地震之一!根據美國地質研究所 USGS 表示,這起地震發生在距離太子港西方大約十公里處,地震深度八公里!

海地位於西大西洋第二大島,伊斯帕尼奧拉島西部;國土面積 27,750KM 平方公尺,其中 27,560KM 平方公尺是陸地,190KM 平方公尺是內水域。海地海岸線長 1,791KM,他的鄰國是多明尼加。

台灣派 23 人加 2 隻搜救犬，前往救災！

之所以介紹海地的地理位置，是為了方便說明我的感應可以到多遠！這個地震發生的前兩天，我不斷耳鳴，十分刺耳的轟隆聲不絕於耳！地震發生前一天的早上六點五十五分，我看見掛在門把上的手電筒前後晃動，很劇烈！地震當天早上六點半訊號明確，我搖醒熟睡中的先生，告訴他要發生大地震了。先生問我，台灣嗎？我說，不是，是在很遠的地方！先生說，那我可以再睡一下嗎？翻身之後，先生立刻打起呼來！

預測海地大地震，先生是我的見證人！可惜啊！這個見證人，靈性實在不怎麼高明！

今生和先生成為夫妻，大約也是我和他某種程度的，共業吧！

回想我的前半生，從五歲的百日咳開始算起，生病的時間大約整整三十年！這期間，我最喜歡去的地方，叫做宮廟！台灣所有宮廟，從北到南，大約都跑遍了！

跑宮廟並沒有為我的身體有所幫助，反而讓我重症不起！通靈之後，我丟掉全部來自宮廟的收藏品，因為那些佛珠和善書及觀音像上，滿滿都是靈分子！

先說個小故事吧！

朋友花了三十萬買了一樽木雕觀音全像並請我去鑑定，看看雕像上是否有神明？我去了，也看了！雕像就只是雕像而已！不僅沒有神靈還馱著動物靈兩隻！

自從通靈辦事以來，我看到太多朋友花了大把銀子買進一些在我看來只是裝飾品的雕像或是水晶洞！問他們為什麼願意花這麼多錢買這些東西，答案就只有兩個，一是為了鎮宅擋煞；二是為了升官發財！

長久以來，許多宗教廟宇刻意營造佛像的神蹟；**好像有了佛像就可以擁有神力！難道敬佛禮佛只是為了佛**

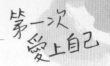

像嗎？

我們感念佛的精神並努力使自己的言行合於佛法理念；念佛並非只是寄情於雕像，或是期望木雕偶像為你帶來順境或財運。**若是只執著於雕像物件而未能有深層的內在感悟，那麼雕像就只是雕像而已，怎有可能在雕像上看到神通與奇蹟？**

在一個大風雪的冬夜裡，有位禪師到寺廟掛單；到了半夜寒冷難當，禪師將廟裡的木雕佛像就地燒起取暖！

住持見禪師火燒佛像大吃一驚立刻制止說，你在做什麼？

我在燒佛像啊！看看能不能燒出舍利子！（禪師若無其事的回應著）

住持看見禪師燒得自在，怒罵：木頭佛像怎能燒出舍利子？

禪師說：既然不能燒出舍利子，要它何用？多拿一些燒來取暖吧！

這是十分有名的「丹霞禪師燒佛」的故事！看完故事不知是否有助你打破木雕偶像的迷思？

佛法的感悟絕對不會在木雕石雕的佛像上！外在形式只不過是表面象徵而已！如果捧個雕像就可以呼風喚雨改變今生命運，那人人不都順遂了？有那麼好的事嗎？

在我沉迷台灣宮廟的那段日子裡，身體還在復原狀態；每次進出宮廟時就會捐獻順便買一些宮廟裡陳列販售的佛珠和佛事用品。時間久了，家裡的書架都被這些寶貝佔據了！

訓體一段時間以後，每當我站在書架前面就會頭暈！剛開始的時候沒有發現為何頭暈，等到經常發生的時候，我的敏感本質又顯現了！有一天，我終於知道是這些從宮廟帶回來的寶貝讓我頭暈！突然之間，我像是從夢中醒來似的，一股腦兒的將所有寶貝都丟進垃圾桶！就在丟掉那些佈滿靈分子的佛珠的瞬間，我立刻明白自己原來是靈界神明的使者！

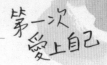

我是人間與天道的，使者！從「悟到」這個事實開始，我能「摸到」有生命或是無生命物件的，能量！任何宗教的寶物或是水晶礦石，我只要用手掌感應或是用手指頭輕觸，就可以感應到來自寶物的震動頻率和能量，也能知道那些石頭上面有髒東西或附著某些靈或是乾淨無汙染！

買水果的時候，用手「摸」或是「拿取」水果時，會觸電；在觸電的同時也會知道哪些水果能量最高！

接著，四百多個咒語彷彿在瞬間被神明植入我的腦海中；通靈的晶片，改變了我的靈魂能量，於是我可以將水晶礦石蜜蠟等靈修用品，鎖上咒成為真正的避邪抗煞保平安的寶物！

至此，我才明白，以前跑宮廟的我，是多麼的愚蠢！

以前，我也算是一個迷失自己的人！大病一場之後，有幸找到了靈魂（真我）！

自從運用靈魂的力量之後，對於自己天生的敏感特質，在生活中驗證了許多像是第六感或是直覺力的測

試，這些測試幾乎百分百的準確！

我很清楚的知道靈魂（真我），不斷的幫助我「確認」訊息接收的真實性和正確性！每當我接收到訊息時，如果沒有在收訊當下立刻做出「反應」，我會在二十四小時到三十六小時之內，不斷接收到「確認訊息」的動作；這些動作包括在我開車時收音機播放的一段話，或是進入大賣場時出現在廣告看板上的一句話，或是某個朋友跟我之間的對話內容，或是在另一個夢境裡的重複訊息；凡此種種與第一次接收到訊息的相關內容確認，都是來自靈魂（真我）！

當然，每個人的靈魂（真我）層次不同，所以確認形式的層次也會不同！通常，當你的肉身（身體）接收越靈敏，靈敏到你的靈魂（真我）無法勝任時，就會有更高層的宇宙大能來取代靈魂（真我）的確認動作。當這些確認形式不斷出現而且更細微時，通靈現象就會漸漸發生！這是我們的靈魂超越第六感以外的，意外成就，也算是靈魂精進的，結果！

現在，我的靈魂層次真的比常人高出許多！

往前推算，回想當年我也是從一個簡單的訊息開始接收的！

我並不算特別，因為每個人都可以從「接收簡單的訊息」開始調教自己的靈能！你不要以為自己做不到，任何人都可以用屬於自己的方式找到自己的「靈命」和「靈魂格局」，這才是真正的你，也就是你的「真我」！當你知道自己的真我存在的時候，才不會產生抗拒，進而學習從極細微的感覺中，接收訊息！

二〇二〇年五行與不能做的事・三月

MON	TUE	WED	THU	FRI	SAT	SUN
						1. 火 白 ★ 動土
2. 土 淺藍 ★ 諸事 不宜	3. 木 灰 下聘	4. 金 綠 安床	5. 水 白 進出 醫院	6. 火 紫 ★ 入宅	7. 土 灰 ★ 探病	8. 木 紅 ★ 參加 喜宴
9. 金 橘 ★ 嫁娶	10. 水 藍 入宅	11. 火 黑 買賣 交易	12. 土 淺綠 動土	13. 木 白 ★ 進出 醫院	14. 金 紫 ★ 大凶 之日	15. 水 灰 遠行
16. 火 白 開工	17. 土 黑 安床	18. 木 淺藍 ★ 移徒	19. 金 綠 ★ 簽約	20. 水 淺藍 動土	21. 火 紅 ★ 安灶	22. 土 白 探病
23. 木 藍 入宅 30. 水 紫 ★ 探病	24. 金 紫 探病 31. 火 綠 ★ 諸事 不宜	25. 水 粉紅 ★ 嫁娶	26. 火 淺藍 ★ 進出 醫院	27. 土 綠 安宅	28. 木 灰 ★ 諸事 不宜	29. 金 紅 ★ 參加 喜宴

★號為三界提靈日；日期最下方為不能做的事

心靈短語

保持身心靈和
接觸環境與人物的，乾淨！

4. 第六感和直覺力是磁場效應

有一天我正思念著和我有二十年交情的老友，正想要打打電話給她，我的手機忽然響起，看到來電顯示的名字不禁會心一笑，不正是我思念的她？

分秒不差的巧合，其實不是巧合！這就是第六感或是直覺力的顯現，也就是佛家說的「念力」！

念力是無窮大的一股能量！

純正的念力，可以讓我們感應到磁場裡的，電波！電波，就是一種能量！當「真我」的意念夠純正夠堅定夠專一，就可以運用電波產生感應！

我們的肉身（就是假我），是帶電的所以會導電。肉身有許多細胞，細胞內有電荷，電荷會產生電流，訊息的傳達就是靠電荷的電流完成的。

在正常狀態下，電荷的排列是十分有規矩的，非常整齊！這個時候身體就很健康，無病無痛！當電荷排列

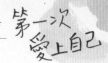

失控而產生亂七八糟的現象時，我們的身體就會出現肌肉痠痛或是頭痛等不舒服症狀！

簡單的說，我們的身體是能量波，會形成磁場；如果身體磁場受到干擾就會有小病小痛產生，如果不多加照顧，忽略了它的存在，小病小痛就會變成大病大痛，反而會引發因果病上身，不可不慎！

磁場混亂的時候，體內的脈絡就會不通暢，不通暢人就會生病的！這個時候使用能量充沛的磁石礦石或是水晶，確實可以有撥亂反正的調整效果！不過使用所謂的礦石等寶物時，要小心喔，不要像我當年跑宮廟時帶回一些亂七八糟佈滿穢氣的石頭，傷了自己的靈氣還不自知！這些石頭在使用前要淨化再完成加咒處理，否則它不會有波亂反正的功能！

身體的能量場混亂，最常見的症狀就是腰酸背痛，失眠，緊張，腸胃不適！如果你也有這些症狀，就表示你的身體能量場早就已經被干擾了；這個時候可能需要調整內在，反璞歸真回到最原始的自己，並找到靈

魂真我，才能提升心靈能量改善身體的小病小痛！

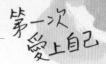

為了維護身體磁場不被干擾，要避免出入磁場混亂的場所！

地球本身就是個大磁極！指北針之所以始終指向北方，是因為地球磁力造成的，並不是製造指北針的生產者設定的。

我們的身體是帶電的導體，那是因為血液有大量的鐵，人體會觸電，會導電都是因為「鐵」。

當我們生病需要醫學儀器的檢測時，是利用人體水分子內的「氫」原子磁場特性和檢測儀器的磁場產生交互作用而有了身體檢測部位的「圖像」，這些圖像可以為我們解釋許多初期疾病的狀態！

透過這些檢測，說明了人就像一個小宇宙，當小宇宙和大宇宙之間產生磁場的交互作用，「訊息」就會自然而然的，被傳遞！當然，大宇宙的磁場也會影響小宇宙的平衡和秩序，這也是「訊息」傳遞的一種現象。

每個人多多少少都有「第六感」，因為第六感是我們每個人出生時的基本配備，只是每個人靈性不同，所

以第六感強弱也不同。

如果你要買房子或是租房子或是和朋友約在某處見面，到了約定的地方忽然覺得呼吸不順暢，頭暈想吐或是心情突然變差；不要懷疑，這個地方的磁場肯定有問題，這個時候，不要遲疑不要留戀就請你馬上離開現場吧！如果不離開，你的身體磁場就會被干擾而形成較為嚴重的不舒服，然後出現「卡陰」症狀！

地氣，就是磁場；而磁場和人的心念會產生效應。

心念正（陽），正向磁場力量就大；心念負（陰），負向磁場力量也就很強大。

正向磁場力量，會給我們帶來光明與成功等信念；負向磁場力量會形成一股難以抵抗的殺傷力；讓人無法集中意志力，心情鬱悶做任何事都提不起勁；恍神的程度讓人感到無可救藥！

一般人都應該很喜歡正磁場散發出的正向力量；我們要如何維護正向力量呢？答案很簡單，就是少去負向力量大的地方或是接觸身上都是負面情緒的人！遠離

是非地，自然不會成為是非人！

散發負向力量的場所：醫院，殯儀館，喪葬現場，火災或一切災難現場，鬼屋，墳墓地⋯⋯這些地方要盡量避免進出甚至靠近！

比較特殊的案例，有時婚禮現場，喜宴現場，大賣場，電影院⋯⋯也會散發出陰氣，這是比較難判斷的，要謹慎面對；進出這些場所，如果覺得不舒服，應該立刻閃人，離開是非之地才是明智之舉！

二〇二〇年五行與不能做的事・四月

MON	TUE	WED	THU	FRI	SAT	SUN
		1. 土 灰 ★ 遠行	2. 木 粉紅 ★ 買賣 交易	3. 金 淺綠 嫁娶	4. 水 藍 安宅	5. 火 黑 ★ 參加 喜宴
6. 土 黃 安床	7. 木 紅 ★ 移徒	8. 金 淺藍 進出 醫院	9. 水 黑 ★ 探病	10. 火 黃 開市	11. 土 白 ★ 入宅	12. 木 淺藍 嫁娶
13. 金 綠 ★ 諸事 不宜	14. 水 黃 ★ 簽約	15. 火 白 ★ 下聘	16. 土 灰 ★ 大凶 之日	17. 木 紫 買賣 交易	18. 金 藍 安床	19. 水 紅 ★ 開市
20. 火 灰 探病	21. 土 綠 安床	22. 木 淺紫 入宅	23. 金 黑 進出 醫院	24. 水 粉紅 ★ 遠行	25. 火 白 ★ 諸事 不宜	26. 土 淺藍 ★ 探病
27. 木 紫 安宅	28. 金 黑 ★ 大凶 之日	29. 水 紅 ★ 買賣 交易	30. 火 淺綠 安床			

★號為三界提靈日；日期最下方為不能做的事

心靈短語

用不著的東西，就是垃圾；
　　全部丟掉！

5.「卡陰」就是身體磁場被干擾

「卡到陰」的「陰」，是指在陽間或是陰間的所有往生靈，或是指飄盪太久的靈分子聚在一起集結而成的一團氣！這些陰靈或是陰氣會讓人形成負面能量；如果這些負面能量干擾到你的肉身，就會出現卡陰的症狀！卡陰的症狀會因為肉身被侵犯的程度不同而出現不同的肉身反應！

正常的人，肉體本身也會產生負面能量。比如沒有善念善心或是善行，經常犯口業，處心積慮的害人，一直為失業而怨天尤人或是常常認為身邊的人都對不起你。

以上這些都會形成負面能量，也會讓你本身的能量場（磁場）被改變而出現問題。問題一，本身散發的負面頻率和陰靈游走頻率相近而吸引陰靈靠近，所以只要進入密閉空間或是參加婚喪喜慶就容易卡到陰。

問題二，因為容易發生磁場和磁場的交互作用（碰撞），所以卡陰機會比常人高出很多。

如果你不想讓陰靈有機可乘，從今天起請放下「**貪婪，生氣，仇恨，嫉妒，無知，怨懟**」；可別小看這**十二個字喔，這十二個字力大無窮，它們在你心裡住三天，就會毀掉你的正面能量！**至於悲傷和眼淚那更不用說了，請馬上停止！

悲傷和眼淚是催化劑（毀滅正面能量的催化劑）！悲傷之人卡到陰，症狀絕對比較嚴重！陰氣進入身體之後，滲透快速而產生發燒，胸悶，呼吸不順，心跳加速，頭痛暈眩以及全身筋骨痠痛等症狀！

靈修之人，體質可以調整到**異於常人的敏感狀態**；當有陰靈靠近時肉身也會做出反應，打嗝，頭皮發麻，想吐，暈眩，頭痛，腹瀉。這些症狀其實是一種感應，叫做「**靈感應**」；**它不算是卡到陰，但有「干擾」之實！在尚未卡陰前，靈魂已經預告自己而有幸閃過卡陰之實；**若是一般人，卡到陰可不會這麼簡單就閃

過！

有的人本體靈遲鈍，被卡當下是沒什麼感覺的，神經大條到三或五日後才由親友發現不對勁，等到親友發現時症狀就加重了！

嚴重的卡陰會出現喃喃自語的現象，經常發呆，對著空氣微笑說話，失去注意力而無法專心工作或讀書上學，興趣被改變，愛發脾氣而且情緒陰晴不定；失眠或是有睡等於沒睡，睡醒還是很累；碎碎唸，唸到讓人抓狂的煩！

如果到以上症狀還不處理，下一步就會失心！**失心症最容易觀察到的現象就是「雙重人格」**；輕微一些的叫做精神官能症，嚴重一些的叫做精神分裂症！不論哪一種失心，都會出現精神恍惚的現象，出入要多加留意人身安全！

長期卡陰，肉體也會失衡，**五臟六腑會生病**；所以要看醫生，也要接受長期靈療！

以上是由輕微到嚴重的卡陰說明；小病不醫就會變大

病，對卡陰來說也是這樣的！

我認識許多朋友，剛開始卡到陰的時候都會急著找我處理，等到經常卡陰之後反而不處理了！問他為什麼，他說已經習慣了！聽到這樣的回答，除了搖頭嘆息，我也不能說甚麼！自己都不珍惜自己的身體，日後陰氣太重影響正常細胞運作而得到癌症，就不奇怪了！

不知道你有沒有聽過「內神通外鬼」這句話？內神，其實是指自己的「元神」，也就是指自己的「主魂」而言！

通常，陽氣弱的人，元神力量也特別薄弱；越是薄弱，陽氣就越容易流失；此時，如果再去掃墓，在墓園走踏之時，陰氣大過自己身上的陽氣，邪氣或是鬼靈就會飄落到自己身上。所以，掃墓卡到陰的人，其實不是鬼靈干擾你或是上了你的身，而是自己卡到自己的人，居多！

幾年前，我曾經為一位外科醫生處理過附在她身上的一位往生靈！

她隨醫生團隊去巴西，在巴西經過一個墓園；墓園整理得十分現代，完全不像是個墓園。這位醫生順口說了一句話，好像是個公園喔！一點都不像墓園啊！

當天傍晚，醫生就發燒了！後來她每天都吃退燒藥，直到回國！

回國以後，昏睡了好多天，有一天，她突然覺得怪怪

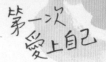

的，注意力好像無發集中，不知道身體哪裡不對勁！
於是她把她的症狀描述給我聽，並請我告訴她該怎麼
處理！

這個醫生原本是鐵齒的，自己不相信我就算了，還叫
她的同學也不要相信我！原本我根本不想幫她處理，
但是當下卻收到了「令」！於是我百般不樂意的請她
到我的工作室來！

處理當天，醫生走到我工作室的大門，就開始頭暈；
原本她以為自己已經沒事了，進了我工作室才發現，
自己根本沒有好！

外靈進入我們肉身超過四十八小時以後，就會和我們
的肉身合併，開始與我們的肉身同居！此時，原本身
體的不舒服會消失，這是鬼靈的障眼法，好讓你以為
已經沒事了；其實它正在伺機滲透我們的肉身，接著
「吃掉」我們的元神！

醫生因為昏睡多天，到了來見我的這天早上，她精神
滿好的；不過，還好她來了，不然後果就不妙了！

我在醫生身上，請出了一位剛往生不久的「往生靈」，是一位八十三歲的美籍人士。往生靈跟我說，是醫生請他上身的；所以我問醫生，妳經過墓園時，說了甚麼話？

醫生聽到我這麼問，十分訝然地說，老師怎麼知道我經過墓園？

妳忘了我會「與靈溝通」？（我有點生氣的告訴醫生）後來醫生問我，附在她身上的是甚麼人？我說是個美國人！醫生說，難怪！難怪在巴西，英文突然變得好溜！醫生原本的英文程度並沒有那麼高明的！

處理完之後的第二天，醫生跟我說謝謝並且告訴我，她已經沒事了，因為醫生的英文程度，又回到了從前的水準！

鬼附身，並不會發生在每個人的身上！沒有因果，鬼不可能會上到人的肉體上！不過，如果你心術不正，邪裡邪氣的亂說話，它又如何不上你的身？這就是「內神通外鬼」的最好寫照！

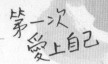

沒事不要亂說話喔！因為鬼靈無所不在！

以前我的特教班裡有個非常特別的助教老師；工作認真效率又高！有天早上九點鐘了從來不遲到的助教老師卻還沒有到，我正想拿起電話打電話給她問她怎麼了，就接到了她的電話！說是要帶先生去處理，處理完才能來上班。電話中她的語氣慌張又驚恐，而我在聽她說話的同時彷彿知道發生了甚麼事，於是跟她說，妳趕快去，慢了就有危險！來不及多說甚麼，就先掛了電話。

早上十一點，她回到我店裡，說出全部原委。

她說，先生昨天晚上應酬完回家時，已經快要十二點。進了家門，就直挺挺的坐在客廳沙發上，並沒有像平日一樣，拿起報紙打開電視；當時，她就覺得，怪！

後來她喊先生，叫他進房睡覺了，明天還要上班呢！

先生像木頭一樣，也不跟她說話，悄悄的進房躺下。

等到她梳洗完畢上床時，不小心碰到先生的手肘，先

生立刻從床上彈跳起來，讓她嚇了一大跳！

我這個助教是有點佛性的，參加了廟裡的誦經團，每星期有三個晚上在廟裡誦經；看到自己的先生失魂的樣子，當下她覺得先生可能被附身了。

她整夜都沒睡，想著要怎麼辦！助教老師知道那時我雖通靈，但卻還沒有得到令旗，無法處理。當下我這助教一個頭兩個大，整夜都沒有睡覺，到了天亮才決定帶先生去給宮廟處理。

給宮廟師父打完電話，她騎車帶著先生出發；機車才到了宮廟前面，師父立刻就來扶兩眼發直面色發黑的先生下車；因為他們擔心先生身上的靈會跑掉，所以來扶他。助教老師這時才發現先生的四肢早已發軟無力，還好住在宮廟附近，不然先生坐在機車後座，隨時都有掉下去的可能！

先生中的是妖靈，一陣死纏濫打好不容易才驅邪成功。

先生清醒後，師父問他做了什麼事？他說，他在路邊

小便，尿完了以後才發現他尿在一個很奇怪的小罈子上；然後，就不知道後來發生的事了。

先生原來是被同事送回家門口的；同事說，我們扶他的時候，就覺得他眼神怪怪的，本來還要續攤，後來決定乾脆送他回家算了！

經歷過這件事之後，先生再也不敢在路邊尿尿！

這位先生，算是幸運的了！古時候中妖靈，妖靈會伴隨一生，直到死亡為止。今生他雖然中了妖靈，但不到十二個小時就處理乾淨，簡直是大大的幸運啊！

中邪靈的人，幻聽和幻覺十分嚴重；生活會失去自理能力，但容易處理；比起中妖靈，寧可中邪靈吧！

一般人被卡的時候，分為兩種類別；一種是被妖靈卡，一種是被邪靈卡。

妖靈，指的是四隻腳或是兩隻腳的低等動物靈；比如老鼠，老鷹，貓，狗，蛇，狐狸……，這些低等動物死後如果沒有處理好，任何一種都有可能變成妖靈！

邪靈，通常以當過人的靈為主，也包括飄浮的往生靈

和被打散不得投胎轉世的靈分子。

這兩類靈，妖靈是比較難處理的；因為低等，靈性低無可低，所以難溝通；通常我都直接把妖靈打散，魂飛魄散就再也不會傷害人！

妖靈習慣以附身或是睡夢中入侵肉身兩種方式干擾人類或其他大型動物（睡夢中，是指熟睡狀態而言）。

邪靈喜歡依附在人身上，以跟隨的方式與當事人回家；一但被邪靈附身，因為磁場效應，如果沒有老師處理，邪靈是無法自己脫離肉身的！附身時間超過三天就會干擾人體的磁場，當事人的五臟六腑就會產生病變或是癌變！

有一個很特別的故事，是關於家中飼養的寵物被附身的故事；這故事發生在我朋友身上，真人真事！

朋友自從和交往七年的男友分手以後，為了轉換情緒買了一隻狗！

對於狗的品種，我是個大外行；不論多麼名貴，我都看不懂牠的身價！橫豎就是一隻狗嘛！不論多名貴，

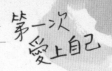

也跟其他的狗沒有兩樣，一樣沒有覺魂！不過朋友買它不手軟，花了大把銀子；朋友說，它可是有證書的喔！聽說還是名門之後呢！

有了愛犬朋友也有了生機！看她沒事對著狗兒子說盡甜言蜜語，彷彿世上只有狗兒好；早知道就不用談甚麼讓人心痛的戀愛了，買一隻狗就好了！朋友心裡是這麼認為的！

老實說朋友養狗以後很快就進入沉迷狀態，就跟當初對待男朋友是一樣的；不但沒了自我，還是非不分！這讓我十分而且非常不以為然！玩物喪志！這是我給朋友自從有了一隻狗之後，下的結論！男人與狗，難道是朋友命中注定的，煞？

說實在的，我不想朋友對狗，上癮！有空的時候我就會對朋友曉以大義，朋友對於我好心的心靈帶領半推半就；我真想給她一巴掌，好打醒她沉睡的靈魂；但是我下不了手，因為朋友想起負心的人，總是一汪淚水！

唉！什麼女人是禍水？男人啊！你才是真正的禍水！
男人把女人的感情放在那裡？當你為你們之間的愛情
劃下休止符時，可有想過女人該如何活下去？

我為朋友的一片深情不值！既然打不醒她，只好陪她
瘋！一隻狗，兩人玩！不是蓋的，我真是訓練狗狗的
高手呢！馴狗一點都不難啊！我只要對狗的主魂下指
令就可以讓牠乖乖聽話了！雖然我討厭狗狗愛掉毛
毛，不過它真的真的很聽話！如果男人也可以是訓練
有素的狗，那豈不美妙？呼之則來，揮之則去，女人
就不會再流淚！

話說這隻名犬，不知從何時開始轉變的；有一陣子我
比較忙，少有時間出入朋友家，後來再去時它居然看
著我汪汪亂叫！

咦？我一手調教出來的狗兒子耶！敢對我叫？真是沒
大沒小！我很生氣，它叫一聲我就叫兩聲；朋友快笑
死了！

有一天半夜，電話鈴鈴鈴響個不停！

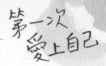

什麼事？吵死了！（被吵醒，我會殺人的）

今天狗狗一直看著我洗澡耶，目不轉睛！（朋友小聲
的說，好像怕狗狗會聽見）

妳為什麼要讓它進浴室呢？我沒好氣的數落朋友的隨
興！

平常我洗澡也沒關門啊！！它就一直看一直看！朋友
無奈的訴說著！

朋友一身珠圓玉潤，連狗狗都看得懂？我很納悶！我
一手調教的狗兒子不該被附身的啊！

隔天，我拿著長串佛珠走進朋友家，才剛跨進大門，
狗兒叫的好像狼嚎！身型這麼小的狗叫得出如此淒厲
的聲音，嚇得我倒退好幾步！

它看妳洗澡多久了？我立刻看出不對勁！

快兩個禮拜了！怎麼了呢？朋友心疼的問！

它被附身了！我絕對不會看走眼！

那怎麼辦？朋友問得好心慌！

放心！我可以讓它聽我的，叫它滾出來！

那我的狗會怎樣？朋友不願冒險！

不會怎樣！頂多是呆呆的！以後再也不會看妳洗澡了！

為什麼呆呆的？朋友掙扎著問。

狗跟人的靈魂不同，狗的靈很弱沒有覺魂；我淨了他的身，它就很安靜安份又安全！

那不就沒感覺了？我喜歡它陪著我！朋友不依的叫著！

它一樣會陪著妳，只是不再看你洗澡而已！我對朋友說了半天卻像是對牛彈琴完全得不到共鳴！算了，算了！不用處理了！我生氣地轉身就走！

經過多年以後，現在狗狗已經九歲！朋友依然，未婚！前一陣子，我去看朋友，卻發現朋友原本十分輪轉的眼神，變得呆滯！

人靈，動物靈外加往生靈，眾靈共處一室，在我看來，就像是在慢性自殺！奉勸愛養寵物的朋友們，人的靈格比動物靈高明許多，若非必要，真的不要把自己高

貴的靈體和動物靈體放在一起平起平坐，共處一室！

雖然每一種靈都是平等的，但是格局大不相同！

如果要養狗貓等寵物，狗貓請不要和人，同處一個屋簷下；在院子蓋一個狗屋，這是在外國影片上經常看到的畫面！

請記得一句話：人畜有別！

得人身，不容易；請珍惜自己的「真我」吧！

二〇二〇年五行與不能做的事・五月

MON	TUE	WED	THU	FRI	SAT	SUN
				1. 土 灰 買賣 交易	2. 木 淺綠 探病	3. 金 紅 ★ 參加 喜宴
4. 水 藍 進出 醫院	5. 火 綠 ★ 諸事 不宜	6. 土 白 嫁娶	7. 木 黑 ★ 入宅	8. 金 藍 ★ 遠行	9. 水 淺綠 諸事 不宜	10. 火 紅 安床
11. 土 淺藍 開市	12. 木 灰 嫁娶	13. 金 粉紅 ★ 進出 醫院	14. 水 紫 ★ 安床	15. 火 黃 動土	16. 土 藍 買賣 交易	17. 木 粉紅 ★ 大凶 之日
18. 金 淺紫 ★ 嫁娶	19. 水 綠 安床	20. 火 白 ★ 動土	21. 土 紫 遠行	22. 木 淺藍 ★ 探病	23. 金 藍 ★ 移徒	24. 水 白 ★ 參加 喜宴
25. 火 淺綠 進出 醫院	26. 土 黑 ★ 探病	27. 木 藍 ★ 簽約	28. 金 灰 移徒	29. 水 淺藍 入宅	30. 火 黃 ★ 探病	31. 土 紅 ★ 買賣 交易

★號為三界提靈日；日期最下方為不能做的事

心靈短語

不要讓「捨不得」，
成為靈魂的包袱！

6. 通靈現象，
是接收靈界訊息的一種確認形式

通靈，是神祕學的一部份！

神祕學算一種信仰也算是一種研究，不過都是意識型態的，因為它無關科學！很多人不懂，不信，懷疑，批判甚至譏諷神祕學的一切！

甚麼是神祕學？

舉凡人類（不分種族）與神靈結合而產生的現象，體驗或經驗（例如瀕死，靈魂出體，看到鬼靈，相信靈魂）都算是神秘主義，神祕主義也就叫做神祕學。

以宗教體系而言，從古代到現代基督教，猶太教，伊斯蘭教，佛教，印度教到中國民間傳說，台灣民間信仰，儒教，道教，佛教，一貫道，新異教主義，通靈術，天理教，新柏拉圖主義；這些都是創造神秘主義的基本元素！

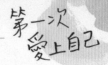

從古代到現代，神秘主義衍生出的體驗，更是讓人嘆為觀止！

神秘主義在生活裡早已生了根，也早已普遍被大眾接受而不認為有何神秘之處！信仰，做禮拜，拜拜，冥想，修道以及靈性超自然現象，叛教行為，新紀元運動等；其實你或你的家人，都身處神秘主義中！

當然，神秘主義也讓政府染上了神秘的色彩！

為了達賴喇嘛能不能來台灣，所引發的黨政之爭；大型的宗教儀式，連總統大人都不得缺席；選戰開始時，本該六根清靜的出家人恢復了人性本色當上首席助選員；甚至所有總統候選人都往宮廟上香參拜！再說深入一點好了，人類學，心理學，超心理學，哲學，神學，佛學，自然哲學；這些都和神秘學發生莫大的關係！

有些人反對神秘主義，只是因為不了解吧！所以也對熱衷宗教的人或團體，給予肆無忌憚的批判，然後有了無神論著述！

神秘主義到底在研究什麼？其實包含滿廣泛的，所有無法以科學家的邏輯推理解釋的現象或行為體驗，大約就是神秘主義的學說主體！例如宗教，信仰，修行，巫術，占卜，玄學，打坐，冥想。

神秘學研究者思想是開放的，可以包融各宗教理論；當然，感性程度也有過人之處！

神秘主義，是一種可以看見但又深不可測的學問；或者，因為只有少數人可以獲得這種現象，但是又礙於「天機不可洩露」而變得更加神秘！其實神秘主義就像走進哈利波特的世界，宇宙裡根本沒有需要隱藏的「神秘」！

只要你願意找到「真我」，你也能「看見」神秘！

二〇二〇年五行與不能做的事·六月

MON	TUE	WED	THU	FRI	SAT	SUN
1. 木 紫 ★ 入宅	2. 金 紅 嫁娶	3. 水 橘 ★ 買賣 交易	4. 火 黑 安宅	5. 土 淺紫 ★ 動土	6. 木 黃 ★ 探病	7. 金 黑 ★ 參加 喜宴
8. 水 淺藍 ★ 進出 醫院	9. 火 綠 安床	10. 土 白 移徒	11. 木 紅 嫁娶	12. 金 灰 ★ 入宅	13. 水 黑 ★ 安灶	14. 火 藍 ★ 進出 醫院
15. 土 淺紫 安灶	16. 木 灰 動土	17. 金 綠 ★ 大凶 之日	18. 水 淺紫 開市	19. 火 淺藍 安床	20. 土 綠 ★ 諸事 不宜	21. 木 灰 ★ 入宅
22. 金 黃 嫁娶	23. 水 黑 安床	24. 火 淺藍 買賣 交易	25. 土 白 ★ 探病	26. 木 紅 ★ 諸事 不宜	27. 金 淺綠 ★ 入宅	28. 水 黃 進出 醫院
29. 火 紫 買賣 交易	30. 土 淺藍 ★ 遠行					

★號為三界提靈日；日期最下方為不能做的事

心靈短語

培養靈魂智慧，才能看透因果！

7. 具備通靈特質的人，才能修練通靈功課

近一兩年來，有不少人跟我說要跟我學通靈；不論拜師費用多少都願意！有些是在網站上留言，有些是算命的朋友與我面談時的要求；面對這個問題，常常讓我啼笑皆非！

玫瑰老師傳授的是心法（也就是靈修的方法），不是教通靈！要大家找到靈魂真我，這並不是學通靈術啦！找出靈魂真我，只是幫助大家認識自己並且好好愛自己而已！

至於靈修，基本上就是本體靈的修正調整！自己的本靈不修卻妄念一步登天會通靈，這有可能嗎？

靈修是為了讓靈魂升格；這道理有如從經濟艙升等到商務艙，或從商務艙升等到頭等艙！坐飛機你都會想要高人一等，更何況是靈魂等級的提升？

靈魂層次越高，投胎轉生的軌道上所遇之人物因緣也

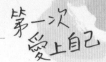

越高明；這是靈修最大的好處！就算你修得不好，至少也不會讓本靈繼續墮落！

靈修和任何宗教都沒有關係，但很多教派都有談到靈魂這兩個字；所以請不要以為佛教不讓佛弟子行靈通之事凡人就不該靈修！這樣的見解是不夠成熟的，同時也是錯誤的！

釋迦牟尼佛本身就是通靈人，佛陀不讓佛弟子行靈通，是因為怕弟子會怠忽了入佛門的真意。真佛是要普渡世人而不是只侷限靈通一角；這一角讓領有天命的通靈人去做就可以了，怎能妨礙到出家眾的天命？

再者，因果是業報，豈是靈通就能改變的？

有不少人認為通靈人會介入因果中，為什麼會？因果是業，任誰也不能介入，除非上天同意！況且，通靈人是領了許可證經過上天認證的，只要秉公處理沒有違法之實，在公審之中，肯定是站得住腳的！

靈修不是教人通靈！通靈是靠天命，那裡是學得會的？若非累世之資，又豈能承接此等天命任務？

可能是電腦太普遍也太容易搜尋資料（關於通靈）；也可能是世上不肖之士藉修靈通來斂財（學費很貴）；為了不讓大家找到太多錯誤的資料，在此我要打破通靈與靈通的迷思！

關於通靈：前世與靈界眾生有緣，前緣未盡，今生通靈是再續前緣；為神靈服務渡化眾靈；經辦神靈和鬼靈之間事務；在過去世或某幾世就曾執行天命之天職人員；在天職範疇內表現良好，今生續任；天命模考未過，今生重考。

以上是今生成為通靈人的最主要原因！

通靈人不會靠自學或拜師學會通靈！如果有人告訴你，通靈可以學會；請你要擦亮雙眼以防被騙！（關於通靈與靈魂相關問題與探討，請參考玫瑰老師著作《天堂轉角的咖啡屋》一書）。

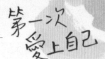

玫瑰老師靈通與天職工作內容：

一、解釋因果

二、入命庫，調閱本命資料

三、可入靈界，為往生靈完成陰間服務

四、可淨化肉身與靈體並去濁氣與病氣

五、為人暫時開光（開天眼）（永久開光要看天意）

六、畫符制煞，定神

七、安定三魂七魄

八、出陰神渡三界往生靈

最後說明，通靈通的是三界內的所有靈！看不見鬼靈的人，都不算是通靈人！奉勸心術不正的投機者要小心！**鬼靈**也小有能力，不要隨便養小鬼，鬼把戲玩多了，一旦被附身你的肉體就不是你的了！沒有了肉身的附著，三魂無靠，很快你就會被外靈奪去肉身形成「奪舍」，到時就算是神仙也救不了你！（關於奪舍詳情，請參閱拙著：《天堂轉角的咖啡屋》）

通靈人的功課不會因為是通靈人就可以少做一點，**通靈人的功課一樣都少不了，反而要求更嚴格！**為什麼想要學通靈呢？找到自己的真我，好好愛自己，做好自己今生的功課如期結業才是最重要的事啊！

二〇二〇年五行與不能做的事・七月

MON	TUE	WED	THU	FRI	SAT	SUN
		1. 木 灰 移徙	2. 金 紅 開市	3. 水 藍 ★ 簽約	4. 火 紅 入宅	5. 土 淺藍 ★ 探病
6. 木 藍 安床	7. 金 黃 進出 醫院	8. 水 白 ★ 買賣 交易	9. 火 淺紫 ★ 入宅	10. 土 紅 動土	11. 木 藍 開市	12. 金 灰 進出 醫院
13. 水 紫 ★ 移徙	14. 火 黑 ★ 探病	15. 土 淺藍 ★ 遠行	16. 木 綠 嫁娶	17. 金 白 安床	18. 水 紅 參加 喜宴	19. 火 淺綠 ★ 大凶 之日
20. 土 黑 安床	21. 木 灰 ★ 進出 醫院	22. 金 紅 ★ 安灶	23. 水 淺藍 ★ 動工	24. 火 綠 簽約	25. 土 淺藍 買賣 交易	26. 木 灰 ★ 探病
27. 金 紅 ★ 嫁娶	28. 水 白 移徙	29. 火 黃 開市	30. 土 淺綠 ★ 入宅	31. 木 白 ★ 安床		

★號為三界提靈日；日期最下方為不能做的事

心靈短語

「得到」之後，
接下來就是「失去」！

第二篇

發現靈魂（真我）和肉身（假我）溝通的真相

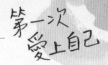

大多數的人認為肉身（我們的身體）就是「我」，其實不是這樣的！真正的你，並不是肉身（身體）；你的肉身只是「真實的你」的，一個部份而已！

我知道一般人不太容易接受這樣的說法，因為我的先生就是一個鐵齒的人！我先生是一個退休的記者，或許是記者的工作使然，實事求是的精神可以套用在生活中任何一件事物上！靈魂？簡直是不可思議的字眼，他怎麼會相信？偏偏，他又喜歡講鬼故事！從我們讀高中的時候，他就喜歡說他在教會打工的鬼故事，等到我通靈以後的十年裡，因為看到我身上發生太多光怪陸離的事，他才漸漸相信，靈魂之說！

或許是因為身為我的伴侶，這一兩年先生遇到不少來自神靈的考驗！每當他對朋友說起靈異現象時，就會起雞皮疙瘩；從手臂開始向上延伸到雙頰，向下延伸到雙腿，雞皮疙瘩就像長了腳似的在身上蔓延；這是為什麼？

其實雞皮疙瘩並非從身上發展出來的，而是靈魂和肉

身溝通的「訊息」！靈魂通知肉身，你剛才說的或是聽到的靈異現象，都是真實不虛的事實！我把這段話告訴先生，先生自然是「不信」的！

信，是從生活中發生的事件裡所得到的來自心靈的「感受」；這種感受幾乎是心神合一的「領悟」！

如果你是一個無神論或是別人說甚麼你都不相信的人，那上面我所說的「領悟」，很可能終其一生，你都不能有所「悟」！

我常和團修的同學說，mind 和 heart 是不同層次的兩個字！如果你只有 heart，而沒有 mind 那會很麻煩；因為沒有 mind 或是不知道甚麼是 mind 就和沒有靈魂的人一般，很容易成為行屍走肉的「活死人」！

有人說 mind 是頭腦，但我覺得 mind 是心識；不見得是來自頭腦的認知，而是來自靈魂的一種「識」！

小時候我常看電影！生長在眷村最大的好處，就是可以看免費的電影！周末傍晚五點就會開演，一直演到晚上九點才會真的散場；這其中最常看的電影就是

「武俠片」！每當壞人殺人無數的時候，就一定有個「大師」會出來對著壞人說些警語；「放下屠刀，立地成佛」這句話，在我三歲的時候就已經牢牢記住！放下屠刀，真的可以立地成佛嗎？這也是我從三歲開始的疑問！現在，讓我來為這句話作出解釋吧！

當我們來到人間進行輪迴任務時，我們就已經被安排在一個「道」上，「道」上的一切就是你在人間要體驗要完成的人生功課！不論你的先天是甚麼特質，靈魂有甚麼天命，從你在六親的選擇上，就已經開始了「人間道」的求道里程！至於你能不能立地成佛，就要看你的靈魂智慧和「真我」體悟的功夫了！

人間道上，轉折無數，苦難無數；每次轉折，每次苦難都足以讓你離「立地成佛」，更靠近一點！

人，不會為了享樂來投胎！投胎就是為了「未完成」的因果業報而來！如果，你只喜歡安逸舒適的生活而放縱自己享樂，我想，你離「立地成佛」，會遙遠許多！

請運用 mind 的心智力量，感受你在人間道上的所有
任務和轉折；把你在人間道上的體驗和領悟轉化成新
的靈魂智慧來幫助自己「立地成佛」；這是「道」，
也是「求道」；同時也是「愛上自己」最該做的一件
大事！

先生問我，為什麼要「立地成佛」？有甚麼好處？

聽我說，立地成佛以後，好處多多！首先，靈魂（真
我）更清明；當（真我）清明之後，肉身（假我）也
會清明，就可以接收來自自己的靈魂或是宇宙大能傳
來的各種訊息！做到這個程度的時候，第二個好處
「療癒自己」的功能就會顯現！

8. 發展屬於自己接收訊息的方式

我讀國中的時候，我那已往生現在還在靈界上課受訓的爸爸曾經耳提面命的告誡我，有兩種職業連碰都不要碰！（作者與六親故事，記錄在《不要跟豬計較人生》一書中）

坦白說，從小我是一個不多話的孩子！不論經歷任何事，都只會放在心裡；嘴上一個字都不會說，自然也不會頂撞父母犯口業，但是骨子裡就不是這樣了！

沒錯！我是反骨的！我爸到死之前，都認為我從來不聽他的話！在他眼中，我是不孝的；說不定，也是不忠的！

為什麼不忠呢？因為我沒有「服從」眷村統一支持的「對象」！所以不愛國！這事得從我第一次擁有「投票權」開始說起！

眷村裡投票是不記名的！每個人在投票箱前還被一個

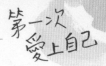

小帷幕圍起來；票，投下前和投下後，應當是沒人看見「投」給了誰！但是，我不明白眷村到底發生了甚麼事，開票以後，村長告訴我爸，我們村子唯一的一張廢票是你女兒投的！

眷村，向來是國民黨的鐵票區！怎麼能在鐵票區裡出現一張廢票？於是，從那天起，我在我爸的眼中是罪大惡極的，異端份子！對於異端份子的處置，我爸絕對是無情的！當下，不問原因，立刻要我把戶籍轉出去！反骨的我，二話不說，也不做任何申訴，果敢地回答他，好！

對於高中畢業就離家的我而言，遷戶籍絕非難事！道不同，不相為謀！我見證了這句話在父女之間的威力！

現在仔細回想當年，其實我是不藍不綠的中間份子；之所以投下那一票，是因為候選人是我高中的美術老師；投老師一票，相信很多學生都會這樣做吧！後來老師高票當選國大代表，找我去當他的秘書；我一想

到爸爸對我破口大罵的神情，便很自然地拒絕了老師的好意！

在老師眼中，我是十分優秀又特別的孩子！但是在老爸眼裡，我根本是個叛逆份子！誰說女兒是爸爸前世的情人？每個人的因果不同，這是不一定的！

或許爸爸以為他很了解我，所以告誡我別碰兩種職業；還好，我也不喜歡這兩種職業！要我「服從」不提自己的理念，對我來說真的不可能做到！不是我對「軍人」和「修女」有任何歧見，實在是反骨如我很難被教條，限制！

我有太多出人意表的創意；我有太多不落俗套的看法！這些應該是好事也是十分難得的才華，為什麼我爸總是要我「服從」他的理念？我的人生，是我自己的；要我照著他的想法讀書過日子，我辦不到！

我的桀傲不遜和反骨，從來不曾改變過；直到救我一命的「神靈」出現！

我，終於被改變了！心悅誠服地在「光」的領域裡，

感受「愛」，也傳播「愛」！我不知道這樣算不算「開悟」；但我確實在切除腫瘤的過程裡，遇見了「光」！我知道這「光」，是神聖的指引，是來自高層次的神靈！

在我靈魂出體的瞬間，我在手術室的天花板（或是手術燈）上看見躺在手術台上的，我的肉身！這個經驗，我難以用言語或是文字來形容，只是深刻體驗到「感應」的神奇！

是的，就是感應！

那當下，沒有痛苦，不再難過！不用再擔心害怕自己會因病死去或是要因病遭受更大的痛苦磨難；我對人生的絕望感，也不翼而飛！那「光」給我的奇妙感應，讓我好放心的，放鬆自己！

腫瘤手術過後，復原期很長！體力一直不好，幾乎每天到了下午四點就像洩了氣的皮球一樣，全身無力到必須躺下！

我花了三年的時間，手抄「藥師佛經」；但在這三年

間，卻是只見藥師，不見佛！雖然如此，三不五時在抄經的時候會聞到中藥般的藥草香味和好聞的檀香味！從深到淺的層層香味，讓我為之癡迷！抄到快滿第三年的時候，我的靈魂（真我）和肉身（假我）之間有了重大的轉變！這轉變說明了「抄經」是訓練我接收訊息的最佳方式！

二〇二〇年五行與不能做的事・八月

MON	TUE	WED	THU	FRI	SAT	SUN
					1. 金 淺藍 ★ 探病	2. 水 粉紅 ★ 遠行
3. 火 白 買賣 交易	4. 土 紫 ★ 安宅	5. 木 藍 諸事 不宜	6. 金 黑 開市	7. 水 紅 進出 醫院	8. 火 綠 嫁娶	9. 土 灰 ★ 參加 喜宴
10. 木 淺紫 動土	11. 金 淺綠 進出 醫院	12. 水 綠 嫁娶	13. 火 灰 簽約	14. 土 藍 ★ 遠行	15. 木 灰 ★ 參加 喜宴	16. 金 紫 ★ 嫁娶
17. 水 綠 動土	18. 火 淺藍 買賣 交易	19. 土 黑 ★ 入宅	20. 木 淺紫 ★ 安床	21. 金 灰 入宅	22. 水 黃 安床	23. 火 灰 ★ 參加 喜宴
24. 土 藍 簽約 31. 金 紅 ★ 入宅	25. 木 黑 遠行	26. 金 橘 ★ 開市	27. 水 紫 ★ 大凶 之日	28. 火 淺藍 探病	29. 土 灰 ★ 參加 喜宴	30. 木 紫 ★ 嫁娶

★號為三界提靈日；日期最下方為不能做的事

心靈短語

感恩所有幫助過你的人！

9. 用靈魂的力量療癒自己

在還沒有執行天命工作以前，一年三百六十五天，我天天都在生病中。每天餐前有餐前藥要吃；餐後有餐後藥要吃。身邊待吃的藥，隨便一抓，就是一把！

當年面對這些藥，我都把它們當糖果；若不是這樣，我想，我吞不下去！吃飯配藥長達二十年，直到腫瘤手術過後，才漸漸過回常人的生活！一路走來，我從沒懷疑過上天，到底要我怎樣！

回想一切，上天對我的考驗加測試，真的是既嚴苛又無情！最後，終於也把我調教成「不談情的通靈人」。放下情字，人生簡單多了！掛礙啊！不捨啊！全都不見了！

承接天命工作後，最大的轉變就是「餐前餐後藥，也全都不見了」！身體瞬間變強壯，讓我很快就感受到不同之處！

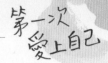

每天都在生病狀態的我，一下子變得沒病一身輕，剛開始，還真的有點兒不習慣呢！現在，有感冒症狀出現，喝杯陰陽水，馬上恢復正常；如果身上有任何不舒服，念個咒，也就好了！

我的眼睛去年長了一顆「邁粒腫」，原本要排期開刀的，我不想開刀，試著靈療自己，兩個月後，真的被我的靈氣打散了；身邊的朋友，很多人都知道這件事，大家都嘖嘖稱奇；我的醫生，也覺得不可思議！

今年，左腳大拇指「甲溝炎」，皮膚科醫生斬釘截鐵的告訴我，非開刀不可！現在，甲溝炎已經消失了！我沒有去開刀，照樣靈療自己克服了甲溝炎！

或許不認識我的朋友看我這樣說，肯定不相信吧！也對！通靈後的神奇，就是一個「奇」字嘛！正常人都會不信的啦！不過，你只要相信一句話就好：**生病，就是業力現前的考驗！**只要通過考驗，病痛就會不見了！

如果你願意了解我們的肉身（假我）各部位病痛所代

表的意義，我想對於想要療癒自己的人而言，會更容易接收到來自靈魂（真我）的療癒訊息！

在療癒自己的同時，上天也給了我療癒別人的機會！許多朋友都見證了我靈療的神奇！

第一次靈療者，我會先用靈氣勘查全身，這是不需要碰觸當事人身體的必要步驟！我可以看到當事人肉身上的磁場狀態，器官毀損的現象，或是有沒有腫瘤的生成，以及是否有外靈或是邪氣干擾肉身！這是一種極高境界的「感應」，也是我這個通靈人特有的「特異功能」！

在進行靈療時，會以「把脈」的方式將靈氣導入當事人的三脈七輪中；也就是說每次靈療時，我的靈氣會跑遍身體的所有筋絡！根據當事人七輪臟器官的狀態給予指印和咒語用來除去當事人肉身上的病氣與邪氣！

指印，用以觀因果，看當事人是否我可以救治？有沒有違背因果運轉？至於咒語，有高度能量，可以掃除

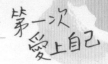

當事人的負能量！在清理負能量之後，我可以將靈氣及最佳能量灌入當事人的靈體（生魂）中，通過生魂再導入當事人的身體不舒服或是器官病變部位；如此可形成強大能量場域用來保護當事人並減輕當事人不舒服的程度！！

靈療的過程，我隨時會接收到訊息；這些訊息就是我與神靈和當事人的生魂溝通的訊息！訊息在跑的時候以光速進行，在一邊觀看的家屬或是當事人本人，看不到也感覺不到！

並不是所有病患我都可以靈療！在靈療前我是要請示神靈的，得到令旗之後證明當事人是可以進行靈療而且未違背因果運轉時，我才能靈療他！

如果當事人業障纏身又濫用福報，可能就不能用靈療的方式處理；必要的時候，可以用上疏文的方式求得「本命制化令」，以減輕當事人痛苦！

靈療，是調整當事人身體氣場及消除病氣最好的方式！

靈療後，當事人可以減少病氣至少八成，不舒服症狀會立即得到緩解！

當事人如果可以藉由自己的靈魂力量繼續維護肉身上重新布局的能量場，一次靈療可以維持一個月；沒有靈修的人，只能維持三到七天；靈能較虛弱的，只能維持一到兩天！所以，靈魂力量是很強大的無形力量，要趕快找到自己的真我才能幫助自己超越幸福人生啊！

二〇二〇年五行與不能做的事・九月

MON	TUE	WED	THU	FRI	SAT	SUN
	1. 水 灰 ★ 安床	2. 火 淺藍 ★ 移徒	3. 土 綠 動土	4. 木 黑 開市	5. 金 紫 諸事 不宜	6. 水 白 嫁娶
7. 火 綠 安灶	8. 土 藍 ★ 入宅	9. 木 淺紫 ★ 諸事 不宜	10. 金 紅 ★ 安宅	11. 水 灰 嫁娶	12. 火 紅 ★ 諸事 不宜	13. 土 灰 ★ 探病
14. 木 淺藍 簽約	15. 金 紫 安床	16. 水 藍 進出 醫院	17. 火 白 開市	18. 土 紅 動土	19. 木 淺紫 嫁娶	20. 金 綠 ★ 參加 喜宴
21. 水 紅 ★ 安宅	22. 火 藍 ★ 諸事 不宜	23. 土 淺綠 入宅	24. 木 灰 ★ 大凶 之日	25. 金 粉紅 ★ 買賣 交易	26. 水 紫 ★ 嫁娶	27. 火 綠 遠行
28. 土 黃 嫁娶	29. 木 灰 ★ 安床	30. 金 紫 安床				

★號為三界提靈日；日期最下方為不能做的事

心靈短語

相信「直覺」，
它是你最真實的「朋友」！

10. 身體各部位病痛所代表的意義

多年以前，我曾經有過一段行腳僧般的苦行時間；為了鑑定我的靈能，領旨在台灣北中南以「免費服務辦事」的方式接受考驗與測試！在一年八個月的日子裡有許多朋友與我結緣；這緣，不是來自今生，而是源自前世！

回溯過往，發現行腳僧的許多因果「線索」，東一個，西一個，南一個，北一個，串聯起來便是我人生下半場的「拼圖」！看起來處理好的個案，應該與我不再有牽連，誰知在幾年以後個案洗腎醫院的護理人員卻來找我。我停留的某一個地址，處理的每一件事，有時不是結束，而是另一段「緣起」；這就是靈魂的知覺，這才是真感受！

每個人都不會無緣無故地認識一個人，為了一個人停留在某個地點一段時間；一切都有因有果，有你要因

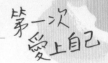

為這個人，這個地方，這個時間裡要完成的「人生功課」！如果你不知不覺，也無感，你就一定是個不夠愛自己的人，因為你忽略了內在心靈最真的，感受！

今生，我與醫護人員和醫院，情緣深重！某些醫院的某些醫護人員，教會了我許多事！通靈以後，從處理的個案及腦中的晶片教條，我得到許多寶貴的資料！

這些資料，謹供讀者朋友參考！或許，當你病痛臨身，又不方便看醫生的時候，它可以暫時成為你的急難救助！

身體的病痛，多半都是靈魂與肉身溝通不良引起的反應！這其中我們的覺魂要負很大的責任！因為「情緒」屬於覺魂的控管範圍，而情緒的失控，就是疾病的來源！

生氣傷肝，多思傷脾，悲傷傷肺，憂愁傷心，恐懼傷腎！身體各部位病痛所代表的意義，你一定要知道！

肩頸和脖子：壓力過盛失去平衡

背部痠痛：情感和情意受阻

雙腿或四肢受傷：前行方向錯誤

骨骼或肌肉：原地停留踏步不願前進

上背痠痛：承擔了別人的包袱

腰背痠痛：因果病上身

尿床：被壓抑的情緒問題

水腫：負能量過多

貧血：失去鬥志

血癌：失去動力或生存方向

頭痛：無法自行釋放的壓力（與因果有關）

腦部病變：無法接收來自靈魂的訊息

眼睛病變：不想看得太清楚，否認現實

白內障：對於未來的不安定感

耳朵：拒絕接收心靈訊息或是接收不良（靈魂的）

耳鳴：心靈力量強，但請調整訊息接收的頻率

重聽：長期害怕或擔心

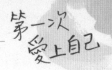

喉嚨痛：隱藏真心，愛說場面話

喉嚨啞：隱藏不說或不能說出內心話

口腔問題：愛說假話

肺癌：失去動力與感受

氣喘：因果病或前世淹死的

感冒：揮之不去的失落感和寂寞感

失智症：肉身能量遞減中

憂鬱症：逃避現實

躁鬱症：對生活與生存心有恐懼並退縮不前

上癮：對自己太好，失去控制能力

酗酒：不滿現狀

過敏反應：無法消除的靈魂傷害與記憶

失憶：逃避現實

恐慌症：不相信自己而產生的恐懼感

冷酷無情：無法體驗生命的溫度

手腳冰冷：落寞，悶悶不樂

濕疹：過多能量未能釋放或轉移

婦科病變：太過急躁而且易怒

乳癌：憂鬱氣結，無法感受愛與被愛

子宮病變：內在恐懼或陰影

攝護腺：對人生角色扮演極度不自在

男性生殖器官病變：失去當自己的勇氣

頻尿：記憶力衰退

眩暈：恐懼和害怕的交互作用

胃：委屈隱忍

胃脹氣，腹瀉：想太多，瞎忙

消化系統病變：有苦難言

潰瘍：過度憤怒

甲狀腺癌或甲狀腺問題：壓抑想說的話

心臟疾病：想要逃走

肝癌或肝臟問題：潛意識不安且易怒

牙齦發炎：怒火中燒，煩躁不安

痔瘡：長期愛發脾氣，熬夜

胰臟癌或胰臟問題：缺少關懷缺少愛

脾臟問題：無力反抗或壓抑

內分泌系統病變：沉默不語，該說卻不說

淋巴系統病變：在阻礙中奮鬥，覺得自己是受害者

脊隨病變：訊息收發錯誤或失敗（靈魂的）

血栓：阻塞的氣，內在抗拒

腦腫瘤：無法排解的不平和憤怒

二〇二〇年五行與不能做的事・十月

MON	TUE	WED	THU	FRI	SAT	SUN
			1. 水 綠 ★ 遠行	2. 火 灰 ★ 探病	3. 土 藍 ★ 諸事 不宜	4. 木 淺藍 ★ 嫁娶
5. 金 黃 移徒	6. 水 黑 ★ 嫁娶	7. 火 白 ★ 簽約	8. 土 淺藍 進出 醫院	9. 木 紅 安灶	10. 金 灰 ★ 參加 喜宴	11. 水 黃 遠行
12. 火 紫 買賣 交易	13. 土 白 ★ 簽約	14. 木 藍 ★ 入宅	15. 金 黑 ★ 安灶	16. 水 綠 ★ 諸事 不宜	17. 火 淺藍 ★ 大凶 之日	18. 土 粉紅 ★ 探病
19. 木 淺藍 進出 醫院	20. 金 綠 入宅	21. 水 紅 安床	22. 火 黃 ★ 諸事 不宜	23. 土 紅 ★ 安宅	24. 木 灰 遠行	25. 金 紫 ★ 參加 喜宴
26. 水 綠 ★ 安宅	27. 火 白 ★ 嫁娶	28. 土 紫 ★ 大凶 之日	29. 木 淺藍 安床	30. 金 黑 ★ 嫁娶	31. 水 淺藍 探病	

★號為三界提靈日；日期最下方為不能做的事

心靈短語

先讓孩子學會「吃苦」，
再教孩子去「追求」！

11. 七個脈輪是人體生命能量的轉運站

脈輪的作用是為了連結！它是體內連結體外能量的通道，它以一種漩渦方式旋轉。開啟脈輪運作，等於建構物質界（人間）與靈界的通道；七個脈輪，是人人都有而且是與生俱來的，基本靈能配備。

人體是小宇宙；大宇宙的能量必須經過脈輪才能順利銜接小宇宙的能量。

肉體以內的能量你可能可以感受；比如看一場電影，若是悲劇讓你流淚；淚，就是被你轉換的能量。

體外能量來自精神領域的和感官的轉換，包括靈修或修行等的感悟，體認，或是心念養成。

七個脈輪說明你身上七處的能量，也就是說你的能量分散在身體七個地方，你要負責把七處能量串連起來並運用。如果沒有串連它們呢？會怎樣？其實也不會怎樣，只不過比較虛，比較容易生病，也比較容易卡

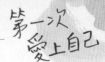

到陰！

七個脈輪都不通，就會像行屍走肉或是活死人！這樣
的人，身體常有病痛發生，免疫系統弱，抗壓性低，
屬於容易罹癌的酸性體質。

如果開發七個脈輪呢？那可神氣了！你會從普通人變
成無敵超人！這樣說太誇張了吧！才不！

你難道不認為人類是最美妙的生物嗎？熬夜燃燒自
己，抽煙喝酒，打敗同類無止境的競爭；不止如此，
還要與情敵一較高下，你爭我奪！戀愛的時候，亢奮
到好像昇上了無極天界；失戀了，又把自己推向萬丈
深淵品嚐痛苦；在寒來暑往中穿梭，拼死拼活的渡過
每一天；從小就要讀書考試，入了社會一樣要考，連
喘息的時間都沒有！人啊！雖然未必快樂健康但也活
著！你說說看，這不是超人是什麼？如果你能從不死
傳奇中開發七輪升起拙火，那還不變成無敵超人？

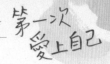

七個脈輪和內分泌腺是鄰居，分佈身體各部位！

脈輪遇到能量場就會產生振動；共振之後，會啟動肉身細胞的生物化學反應；人體的情緒反應和肉身健康全都受七個脈輪的管制！脈輪有多麼重要，可想而知！

有一個總司令，可以對七個脈輪下達指令！這個總司令不是別人，正是我們的本體靈魂，真我！

在看得見的身體裡，有一個看不見的系統和我們的神經系統有著極神秘的關係！這個系統，就是「三脈七輪」！

當我們被通知投胎轉世的時候，我們的主魂從天靈蓋（頂輪）進入新生兒的身體；進入之後就停留在三角骨（底輪）；三角骨上方中段是為中脈（三脈之一），生魂停留在此！

中脈，左脈和右脈，是人體的三脈；三脈加上七輪才是完整的靈體。三脈之中，左脈是陰脈，是收藏過去世（先天）的資料庫；右脈是陽脈，代表今生（後天）

的一切因果運轉！

脈輪，是氣場能量的交會點；用 X 光等醫療儀器是檢測不出來的，因為三脈七輪並不是實體性的，存在！

當我為人靈療時，如果當事人身上有疾病，在靈療的時候可以藉由靈氣轉換得到疾病訊息；因為健康，是身心靈三方的，平衡！任一方失去平衡，脈輪就會形成阻塞產生疾病訊息！

一般人的身體，七輪並非呈現開啟狀態；十個有九個都是關閉的！脈輪關閉的原因有很多，比如憤怒，悲傷，哭泣，情緒失調，過度疲勞，疾病，壓力，卡陰，這些都會造成脈輪關閉！

七輪的能量，會因為脈輪經常關閉而失去平衡！

頂輪，是吸收宇宙大能的重要脈輪；經常不通，就會造成人體脈輪的能量不足；長期的不足，會引發身體疾病的發生或是細胞癌化！

頂輪在七輪之中有著相當重要的地位，任何一種靜坐

都會用到從頂輪進入的靈氣，**頂輪是用來銜接宇宙光的重要脈輪！**為了能夠讓靈氣從頂輪順利進入身體滋潤本體靈，必需要學會運用白色光引導。**白色光有著明亮開朗快樂奮發的本質，可以轉化內在所有的負面能量；**除此之外還可以凝聚真氣（修練靈氣），達到內外調和平衡身心靈的修行世界！

散發白色光的寶物有很多，其中有一種石頭叫做月光石；月光石其實並不只有白色光，還有藍色光！藍色隱藏在白光之中，溫潤有氣質，幽雅之中閃著淡淡的高貴與神聖；初次開始守護頂輪，月光石是明智的選擇！

另一種被人忘記的寶貝叫做白水晶！**白水晶有著「眾晶之母」的雅號！**白水晶泛著七彩光芒，不論你靈魂之眼用什麼角度來使用它，它都會用它的能量融入你的磁場裡並調整你的身體氣場，這叫做「定氣」；除了定氣，白水晶還能讓你沉靜！如果你是毛躁坐不住而無法練習抄寫經文的人，白水晶可以讓你氣定神閒

的修身養性！所有靈修的初學者或是容易被磁場干擾的人，都應該擁有白水晶！

人，是個小型發電機！肉身需要磁場的平衡與良性運轉，若是失去磁場平衡肉身就會生病！大量使用月光石和白水晶，除了可以消除肉身廢棄物還可以引宇宙能量暢通七輪！只不過市面上「假」的白水晶和月光石遍地都是，小心不要被騙喔！

除了白色之外，金色也是屬於開發頂輪的色彩！金箔琉璃和金蜜（蜜蠟），都是不錯的選擇！在我的工作室裡，依照個人八字和七輪狀態打造而成的客製化寶物有很多，是靈療和靈修朋友的最佳選擇！

簡單的說，七輪就是七個主要穴位！腹輪，是整個能量的聚集點；在七輪之中，腹輪有著相對重要的地位！

七輪修持到一定程度，七個穴位會形成向外擴散與收放的功能，擴散穢氣，收放宇宙能量場的傳輸；能夠將七輪連結，就可以讓肉身形成超級能量場，最後就

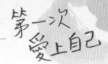

可以自由穿梭不同次元！

七輪在出生時，和天地線都是開啟的；不過在嬰幼兒時期，因為肉身能量薄弱容易受到磁場干擾而造成嬰幼兒的本靈出體，一但本靈離開肉身，需要很長一段時間才能再回歸常態！

三歲以前的嬰幼兒如果經常魂魄分離是不太好的事，因為會造成靈魂的慣性離體，日後本靈會變得比較虛弱而且容易受到驚嚇，長大以後學習力也會比較差！

如果家中有一到三歲的嬰幼兒，夜夜睡不安穩，經常啼哭難安撫，或是過動現象嚴重，除了要看醫生之外，應該要做安魂的動作；但是請記得，千萬不要跑到宮廟去收驚！收驚，只會越收越「驚」！

七輪在人體內有如內在的高速公路，雜質和廢氣（陰氣和病氣）經常會讓脈輪受阻！

脈輪被鎖死，完全不通氣的人會表現出害怕死亡，膽小恐懼，喜歡佔小便宜，處處懷疑不信任別人，疑神疑鬼等精神層面的現象！如果出現這些症狀，可以選

擇一個適用的寶物，利用靜坐或是靜躺或是用靈氣療法打通脈輪；如此，也可以提升靈魂智慧，強化運勢和生命運轉的能力！

當你生病或是運勢極差的時候，就表示身上某個脈輪失去平衡或是阻塞！為了防止脈輪失去功能，以下說明可以幫助你了解你的脈輪是否正常運轉中！

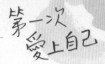

第一輪：海底輪（位於生殖腺末端）（地輪）；功能反應腎上腺動力，性能力，生殖系統，直腸，是排除人體穢氣的所在。

放射顏色是暗紅色偏黑色；這是肉體賴以為生的所在；包含脊椎，腎臟，肛門，生殖器，大腸結腸等部位所在。我們賴以為生的生命力，戰鬥力，競爭力和獨立性，創造力都在海底輪！

已開發海底輪的表現：生命力旺盛，熱情勇敢，充滿鬥志與信心，樂觀爽朗，有親和力，相信人人是好人。

海底輪失去平衡或阻塞時：肉身會太胖或是過瘦，恐懼，憂鬱，排泄失常，缺乏安全感。

第二輪：臍輪（水輪）（肚臍以下的下腹部）；功能反應精氣神，性功能，賀爾蒙，泌尿系統。

放射顏色是橙色偏紅色。精神領域的基地，隨著月亮收發能量，可讓你身心統一增強活動力。腎上腺，卵巢，子宮，前列腺，脾臟，膀胱等，都屬於臍輪範圍

已開發臍輪的表現：願意為所愛的人犧牲奉獻，溫暖為他人著想，任重道遠，無可救藥的委屈求全，抗壓性超強。

臍輪失去平衡或阻塞時：不容易開悟，精神層面較不穩定；情緒影響在慾望方面容易失控。

第三輪：太陽輪（火輪）（腹輪）（在肉體的太陽神經叢）；功能反應消化系統，大小腸，胰臟，胰島素，貧血，低血壓，糖尿病。

放射顏色是紅色偏黃色（橘色）。胃，肝，膽，十二指腸，神經系統等強化腎功能，啟動潛意識和增加智力並廣泛吸收太陽的能量；這些都是第三輪的功能。

已開發太陽輪的表現：有理性的完美主義者，循規蹈矩，公私分明，鍥而不捨的研究精神，缺乏浪漫情懷，思想保守不重情面。

太陽輪失去平衡或阻塞時：情緒容易緊張，有強迫症現象。

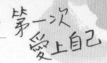

第四輪：心輪（風輪）（位於心臟）；功能反應人際關係，慈悲心，血液循環，淋巴腺，扁桃腺。

放射顏色是綠色；心，肺，呼吸系統，免疫系統和潛意識，是屬於心輪的表現。

心輪與天地線的地線平行輸入，可以喚起過去世的因果意識緩解因果病症狀；初步靈通的開始就是靠著心輪的開發而運作的。

已開發心輪的表現：樂天派，有時過度自信，喜自由，主觀意識強烈，霸氣十足。

心輪失去平衡或阻塞時：悲觀灰色的思想，控制欲望強烈，懷疑人生，無定性，日夜顛倒，心臟無力感強烈。

第五輪：喉輪（空輪）（甲狀線區）位於喉頭；功能反應口語能力，溝通能力，喉嚨，甲狀腺，牙齒，新陳代謝。

放射顏色是藍色；支氣管，甲狀腺，咽喉，口腔，關

節，過多的情緒反應；屬於喉輪的種種，對生命能量的流失，是比較大量的。

已開發喉輪的表現：冷靜有智慧，高風亮節的情操，有文藝氣息，朋友少但都知心，高雅有氣質，人際關係欠佳，青春永駐獲得不老容顏；靈聽力在此區開發。

喉輪失去平衡或阻塞時：憂慮，焦躁，身心靈分離，咽喉癌。

第六輪：眉心輪（根輪）（位於眉骨上方一指處）腦的正中央（松果體所在）；功能反應腦下垂體，內分泌，提升免疫力，天眼，特異功能。

放射顏色是淡紫偏藍；左眼，耳，鼻，內分泌，與生長相關的一切在此發展，可以抗憂鬱，延緩老化，穩定情緒。

已開發眉心輪的表現：第六感和直覺力超強，內斂敏銳，創意十足，天分多元，喜歡人群但不喜社交；修得好會越來越年輕。

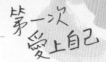

眉心輪是第三隻眼的所在，靈性輸出輸入，內觀能力和超能力等至少三種能力在此開發。

眉心輪失去平衡或阻塞時：內分泌失調，本命壽元會提前結束。

第七輪：頂輪（識輪）（位於頭頂）天靈蓋，百會穴所在；功能反應腦神經系統，活化腦細胞，思考力，判斷力，直覺力，靈感應，靈能培養。

放射顏色是紫色偏白色並帶有亮眼的金光；穿越時空神聖無敵的聖者高靈會在此出入帶領我們的元靈，並給予我們的本體靈最高的指導。

大腦，右眼，中樞神經，皮膚等是屬於頂輪的範圍。

已開發頂輪的表現：善解人意，溫厚仁慈，處事圓融，人際關係良好。

頂輪失去平衡或阻塞時：敏感，多疑多慮，優柔寡斷，感情路曲折，全身脈輪能量運行容易受阻，細胞容易癌變。

二〇二〇年五行與不能做的事・十一月

MON	TUE	WED	THU	FRI	SAT	SUN
						1. 火 灰 ★ 參加 喜宴
2. 土 紫 進出 醫院	3. 木 黑 ★ 遠行	4. 金 淺藍 安宅	5. 水 黃 ★ 開市	6. 火 淺藍 ★ 諸事 不宜	7. 土 綠 ★ 探病	8. 木 黑 動土
9. 金 紅 ★ 移徒	10. 水 淺紫 ★ 進出 醫院	11. 火 白 安床	12. 土 淺藍 ★ 嫁娶	13. 木 黃 ★ 參加 喜宴	14. 金 橘 遠行	15. 水 淺紫 簽約
16. 火 綠 開市	17. 土 藍 嫁娶	18. 木 黑 探病	19. 金 紅 入宅	20. 水 灰 ★ 買賣 交易	21. 火 淺藍 ★ 交屋 交車	22. 土 黑 ★ 探病
23. 木 紅 ★ 入宅 30. 水 白 ★ 安灶	24. 金 紫 ★ 進出 醫院	25. 水 淺綠 ★ 大凶 之日	26. 火 黑 嫁娶	27. 土 紫 進出 醫院	28. 木 淺藍 ★ 諸事 不宜	29. 金 紅 ★ 參加 喜宴

★號為三界提靈日；日期最下方為不能做的事

心靈短語

尊重並愛惜自己，
不要從事出賣靈魂的事！

12. 運用色彩開發七輪去除病氣

開發七輪很難嗎？其實一點都不難！只要你對顏色有
認知，正確運用色彩就已經進入七輪的修行大門了
喔！

首先，請想想看你最喜歡的顏色是什麼？

你的窗簾是什麼顏色？沙發是甚麼顏色？

打開衣櫥什麼顏色的衣服最多？

鞋子呢？包包呢？偏愛什麼顏色？

吃的食物呢？它們也有顏色喔！

色彩是能量波！只要告訴我你喜歡的顏色，我就可以
分析你全身的能量。經常與我做心靈對話的朋友，每
次見面的時候，我都喜歡問朋友，今天喜歡甚麼顏
色？

顏色的喜好是會隨心情改變的！生病的時候，意志不

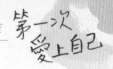

堅定或是情緒不穩定的時候，顏色的喜好也會被改變！

當我小的時候，我愛紅色！

小時候的我喜歡是跟著村子裡的男生玩在一起；打棒球，打籃球，爬籃球架，爬樹，甚至爬上屋頂！拿著火把到墳墓地探險（因為我生長的眷村旁邊就是有名的第一公墓），這是在元宵節我和哥哥們最喜歡做的活動！我的這些喜好，全部都跟紅色有著密切的關係！

如果當時是喜歡白色，家家酒就會是最愛；可惜我從不玩家家酒！

扮黃帝我有興趣，扮人女兒或是當爸爸當媽媽，我興趣缺缺！

到了讀高中的時候，我對顏色的喜好有了極大的轉換！我愛上了白色！高中以後幾乎沒有再改變，直到滿十八歲！

大學時代我是半工半讀的！打工穿牛仔褲一定配白色

西裝外套；跑場賣唱也是這樣穿，非常方便！

三十五歲以前喜歡白色，非常喜歡！三十五歲時卻變節了，我開始喜歡紫色！大病一場之後在家休養時，我房間的床單枕頭被套衣物配件，看得見的，都是深深淺淺的紫！愛紫色！就是愛紫色！

女人善變，我為這句話做出見證！通靈以後，我開始喜歡綠色！從淺綠蘋果綠到黃綠翠綠，深綠墨綠；只要是綠色，我都愛！

到目前寫這本書的時候，如果要我選顏色，白色，紫色，綠色，外加藍色和大地色系，這些都是我的最愛！

到底我對顏色的偏愛是怎樣的？真的分不出來「最愛」是誰嗎？

有的！每次出國買回來的衣物或是配件，藍綠色，偏多！雖然如此，平常我的衣著配件，總是少不了黑色！

黑色，是底輪的保護色！

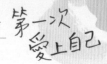
黑色代表莊嚴，神秘，古典，高貴和神聖不可侵犯！
黑色，是我不可放棄的顏色！

經常穿著一身黑，對於身體有太多病氣纏身的朋友，
可以幫助病患穩定生命力！

很多人認為黑色不好，以為黑色是和死亡有關係的顏
色；其實這是台灣人的想法！在日本，喜宴時是穿黑
色禮服呢！你若參加日本人的婚宴，到了會場肯定會
嚇一跳！因為日本人的婚禮現場，像極了台灣人的喪
禮現場！

黑色，吸熱快，散熱也快！夏天應該正確使用黑色衣
物，室外穿白色，室內穿黑色；冬天就剛好相反，室
外穿黑色，室內穿白色！可別以為夏天不能穿黑色，
穿對了，它會帶給你很大的舒適感；冬天穿黑色就更
棒了！不信的話，請試試看喔！

我有一件非常喜歡的黑色外套，上星期從日本飛回台
灣的時候，在候機室裡，被人「摸」走了！這件事雖
然是人生的小插曲，但卻讓我心痛不已！這件外套防

風防雨還防雪！天啊！當真是緣分盡了！對這件外套，我是十分抱歉的！你為我遮過風擋過雪，我卻遺失了你！真是對不起啊！希望新的主人可以發現你的可貴之處，好好珍惜你！

在一年四季的氣節變化中，黑色都可以強化生命力！練習靜坐冥想的時候，運用色彩觀想，會有意外收穫喔！

黑色：開發底輪，強化生命力

紅色：使身心合一，堅定勇敢

橘色：激發潛意識，喚醒靈魂

綠色：天地合一，強化細胞

藍色：抗氧化，抗自由基，回復青春

紫色：淨化心靈，開啟靈能

白色：至高無上，迎接神聖光彩

如果你有心練習開發七輪，請務必先認識你自己；找到真我之後，也要找出你最喜歡的顏色！

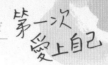

每個人身上都閃著靈氣之光，有的藍，有的黑，有的白，有的紫！這些光除了顯示出肉身的健康狀態，還能細細說明靈魂真我的狀態！

有人生病了不自知，**在病發前靈氣卻先做出預告！**可惜的是這些預告片當事人是看不見的（靈修人除外）；如果可以看見，自然就可以做出防範！與我熟識的朋友都知道一件事，**如果靈療時被玫瑰老師通知「去檢查身體」，十之八久都會檢出身體的異常！**為什麼玫瑰老師會知道？除了七輪嚴重氣阻之外，就是因為你顯現出的靈氣和光已經透露了病氣的訊息！

靈氣，不論是什麼顏色，如果沒有光反應，基本上該靈氣，就是不夠健康同時靈魂狀態也是不夠完美的！

靈魂狀態不夠完美，靈魂就會生病！**等到靈魂生病一段時間後肉體才會有明顯的不舒服症狀！**等到肉體出現不舒服症狀的時候，通常就已經不太容易醫治了，不是重症就會是癌！

所以我常跟靈療的朋友說，**肉體生病，其實是靈魂已**

經生病好久了！

我們人，就是個小宇宙！人是帶電的，有磁場，有能量；所以有靈氣！而靈氣又可以反應出不同的顏色；這些靈氣的顏色是怎麼來的呢？

顏色就是不同的，光的反射波（這是光學）！

光，有能量；所以顏色也有能量！如果我們可以有效使用不同顏色的寶物和衣物配件，就可以有效輔助肉身這個小宇宙的靈氣！

小宇宙的靈氣強，振動也會強！靈氣與振動，可以有效銜接大宇宙的所有感應！

人體有七個輪子（七輪）！**七輪代表肉身七處各不相同的能量色彩及振動！**靈療時，玫瑰老師可以清楚知道當事人肉身的振動與氣的流轉！**氣阻時，就不會有振動；不振動，肉身就會有病！**我會在靈療時發現一個人隱藏（未發現）的疾病，所以我會請當事人去看

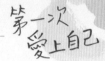

醫生！

我們每個人身上都有靈氣，**靈氣需要驅動！**如何有效驅動？除了靈療之外，每天可以用簡單的方式自行做些小小驅動！在這本書的內文，玫瑰老師有安插2020年的全年五行；**請先明白每日五行色彩的變化及應用，參照五行及幸運色搭配使用，就可以輕易驅動喔！靈氣顏色與五行顏色有著極大的關聯性，在你使用五行顏色後，七天內必定有感！**

走筆至此，突然想到多年前我親手處理的一個故事！這故事和七輪有關，我就寫出來讓大家一起看看關於七輪的神奇吧！

八、九年前，我還沒有開始領旨為人處理靈魂問題，但是認識了一個經常見面的朋友，這女生讓我開了眼界！

有一天，這女生跟我說，她的妹妹神色怪怪的，不知道身上發生了甚麼事，問我可不可以幫忙看看！當下我問了妹妹的狀況，感覺得出是三魂出了問題，但是

我還不能處理靈魂問題，所以我跟姐姐說，帶來我看看，但我不保證可以幫得上忙喔！

還記得當時是約在新北縣政府對面的一間火鍋店！在板橋！店裡下午也在營業，但是客人並不多！

我見到妹妹的時候，妹妹的靈氣顏色是灰黑色，而且面容可以用槁木死灰來形容，一點血氣都看不到！

我問妹妹怎麼會變成這樣？並請她詳細說明事情的來龍去脈！

妹妹說，三兩個月前（時間並不確定），在夢中有個天神告訴她，請她幫忙開藥單，天神還指出叫她到北投的一個傳統菜市場裡的第幾排第幾攤位找一位婦人，幫她開藥單！（原來妹妹會寫天語，這也是她的天命功課）後來妹妹就按照指示到了北投的傳統市場也找到了那個要幫助的婦人！

妹妹見到了婦人，就跟那個大嬸說，我是來幫妳開藥單的！

婦人見到妹妹說，原來真的會派人來幫我開藥單喔！

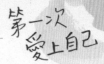

我就說嘛，我只是一個賣碗粿的人，哪裡會幫人開藥單看病啦！我賣粿已經賣了幾十年，每天三四點就要起床做粿，最近不知道是不是我拒絕天神，每天做出來的粿都是壞掉的啦！根本不能賣啦！妳看，都爛成這樣！送給別人吃，別人都不要！

大嬸跟妹妹說，夢裡來了一個天神，說是跟她有緣，因為在天界犯了錯，被打入凡間為人看病，要做滿三千人才能再回天界！

大嬸根本不懂看病這一套，所以就拒絕了天神。

天神一直跟大嬸說，天界會派人過來開藥單，大嬸只要負責接收天語在撲滿米粒的盤子上劃出天語符號就可以了！

大嬸還是拒絕了天神，直到妹妹找到她！

後來，大嬸和妹妹又接到指示，每個星期六下午三點到晚上九點為人看病開藥單，看病地點就在大嬸的家裡！

她們在紅紙上用毛筆寫下幫人看病的紅紙條，貼在家

門口。大嬸的家在七彎八拐的巷弄裡，原本以為不會有人上門看病，卻沒想到看病的人潮，大排長龍！

就這樣看了大約三個星期，就在第三個星期六的晚上十點左右，開完藥單妹妹正要回家時，有個師姐走到妹妹面前說，天氣這麼冷又下雨，回家不方便，妳就到我家睡覺好了！妹妹一直拒絕，這個師姐卻一直拉她，妹妹盛情難卻就到了師姐的家；妹妹跟師姐說，我睡沙發就可以了；師姐拿了一床棉被給妹妹之後就回己的房間，整個晚上都沒有出來打擾妹妹！

天亮以後，妹妹說她就覺得身體怪怪的，腦袋空空的不能想事情；昏昏沉沉回到了家以後，全身虛弱到好想快死掉了！拖了一段時間，原本是運動健將的妹妹，連路都快要走不動，直到遇到我！

這天，我看到妹妹身上的七顆珠，只剩下了三顆！這就是妹妹虛弱的原因！

七輪，如果修練成功，每一輪都會出現發光的珠子！通靈人或是帶著某些天命的人，七顆珠都會完整的呈

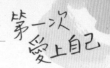

現！

除了七輪之外，我們身上還有中脈；中脈在人體正中間的一條線上，從頂輪往下延伸，不偏不倚所以叫中脈！中脈下方一指處就是我們的命門所在！通常，主魂回到肉身時，會落在中脈或是命門處！

妹妹的三顆珠在身上亂竄，並沒有固定在該有的輪位（也就是能量點上），能量渙散，所以虛弱！

我將妹妹的能量點強化處理後，發現四顆珠，不見了！所以告訴妹妹說，妳只有三顆珠在身上，我可能可以幫妳找回來，但不保證一定可以！之所以這樣說，是因為我在處理妹妹的三顆珠時，有動到靈氣氣場，訊號並沒有斷掉，表示上天是知道我在做這件事的！

當下，我整理好妹妹的氣場後，妹妹的氣色就已經好了許多，臉色紅潤，連說話聲都變得很大聲！妹妹以為經處理好了，我說還沒有；要等其餘四顆珠回到肉身才算完成！

當天晚上我回到住處，請命領回妹妹的四顆珠；在我的護法協助之下，四顆珠瞬間就找到了，於是我又請護法將珠送回妹妹身上！第二天一大早，妹妹跟我說七顆珠都已經在身上了，並跟我說謝謝！

事情過後，我告訴妹妹，偷珠的人，是師姐！

沒事獻殷勤，非奸即盜！修行人，也未必人人是好人！妹妹因為師姐偷去四顆珠，天命執行未能過關而被記上一筆！到底這筆帳，該記錄在誰的頭上呢？

二〇二〇年五行與不能做的事・十二月

MON	TUE	WED	THU	FRI	SAT	SUN
	1. 火 藍 ★ 入宅	2. 土 灰 ★ 安床	3. 木 白 動土	4. 金 紫 ★ 進出 醫院	5. 水 淺綠 探病	6. 火 綠 ★ 參加 喜宴
7. 土 淺藍 ★ 移徒	8. 木 綠 進出 醫院	9. 金 黑 簽約	10. 水 粉紅 ★ 遠行	11. 火 灰 ★ 諸事 不宜	12. 土 淺藍 開市	13. 木 紫 參加 喜宴
14. 金 灰 ★ 大凶 之日	15. 水 黑 ★ 安宅	16. 火 白 進出 醫院	17. 土 淺綠 ★ 探病	18. 木 藍 安床	19. 金 紅 ★ 交屋 交車	20. 水 紫 ★ 參加 喜宴
21. 火 淺藍 ★ 進出 醫院	22. 土 灰 探病	23. 木 淺紫 ★ 諸事 不宜	24. 金 綠 動土	25. 水 紅 入宅	26. 火 白 ★ 參加 喜宴	27. 土 淺藍 ★ 嫁娶
28. 木 紫 安宅	29. 金 黑 ★ 進出 醫院	30. 水 灰 ★ 開市	31. 火 綠 安灶			

★號為三界提靈日；日期最下方為不能做的事

心靈短語

慾望，會讓人成為瞎子；
排除慾望，才能保有覺知！

尾聲

如果現在問你，**清醒和死亡之間的層面是什麼？**你會如何回答？很難回答吧！**清醒和死亡之間的層次多到讓你頭昏眼花呢！**

不知道你是否認同沉睡就形同死亡？熟睡後誰知道是否依舊可以看見明天的太陽？

每天夜裡當你沉睡時要把你叫醒可能很難吧！發生在夜晚的大地震卻可以輕鬆把你喚醒，你知道為什麼嗎？因為**大地震有足夠的力量撼動沉睡中的你**，這就是夜間的，被動的覺醒！

大部份的人都以為人只有在晚上睡覺時才會沉睡到不醒人事，其實不是這樣的！白天絕大部份的人還是在沉睡中的，為什麼？因為有太多人沉睡在愛情裡，沉睡在怨恨裡，沉睡在名利裡，沉睡在慾望裡，也沉睡在懶惰裡！

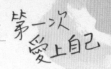

可以讓你沉睡的理由太多了，這些你有想過嗎？

通過黑夜來到白天，大家都以為清醒了；這不過是你以為的！你以為睜開雙眼就是清醒？不！**就算是睜開雙眼你還是沉睡的！**

不論在夢境中或是現實裡，你應該要在沉睡中慢慢醒來然後找到自己的真我！

你可知道，會讓你白天還沉睡的叫做「人生的戰爭」？愛情是戰爭，慾望是戰爭！當你沉睡在人生戰爭裡，若沒有足夠的痛，你是不會覺醒的！人生各式各樣的戰爭的力量，就像大地震一樣撼動你的心魂！

當肝腸寸斷飽受背叛，遺憾，出賣，甚至失去至親的愛時；這原先撼動你心魂的力量卻可以讓你覺醒！你可以在此時**遇見真正的自己！**在痛苦的過程後，何不和親愛的自己打聲招呼？

嗨！你好嗎？

請真心和自己打個招呼吧！這是靈魂覺醒的大好機會！不要做繭自縛，請破繭而出！我不是要你忘記心

痛（我知道那很難忘），但請你能**在痛苦過後讓靈魂得到學習成長的機會！**

你認識自己嗎？

我發現不少朋友連自己都不認識！每天忙著迎合別人，討好師長；忙著找一個人來愛；忙著讓別人相信自己是最好的……。還有很多點，點，點……。你不覺得這些追求都是虛的嗎？追求的時候，被欲望淹死自己的心靈；追求不到的時候，又要心痛，又要哭！這樣的行為，是愛自己的表現嗎？你難道感受不到這些虛無地追求，讓自己有多痛嗎？

失戀失婚的朋友找我算命，嫌我的收費太貴！比起你失去的自我，我的收費怎麼會太貴呢？你連這麼寶貴的「自我」都可以失去，我的收費又怎麼算貴？「貴」的，是你的「自我」，你可知？經過算命解盤，我讓你找到行走人生這個江湖一輩子或是至少幾十年的「自我」；說實在的，算命的費用，太便宜了！

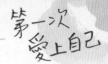

老實說，我為你「解盤」算命，只能成為對你的命理有幫助的老師，而不是成為「免費為你解盤還要陪你聊天」的老師！命主應該要經過命理找到人生的問題點，了解因果改善自己的缺失，這才是算命的真義啊！

許多朋友喜歡跟我聊天，這樣很好！如果有幫到朋友們的思路清晰或提升了靈性，我的存在會有意義多了！當然，我的「幫助」，絕對不是「免費」的！就算是從我的書中，得到人生運轉的機會，也是要花錢買書的！不是嗎？

想要了解命理的朋友，我給你的幫助，在我的解盤言語中，以直接而且有力的方式呈現；這些話語，都是在人生旅程上會遇到的考驗和警告，都是不太好聽的「真話」！這些不好聽甚至有點刺耳的話，可能不會在當下發酵，而是在與我面談之後的三年五載之後才突然炸開讓你有了特別的體認；也說不定在命運呈現的某一事件發生時，讓你有了靈光乍現的了悟！無論

如何，我的目的是希望朋友們能找到自己的「真我」，並且真實不虛的，愛上自己！

或許，看完這本書以後，你也成為「第一次愛上自己」的朋友！這樣也很好！

人生是怎樣的？會發生甚麼事？何時結婚？何時失敗？何時跌倒？何時窮困？何時有錢？何時找到真我？

人生問題何其多，每個人都會遇到；但遇到的時間點和問題的嚴重程度卻因人而異！不能掌握，因為是「隨機」測試，所以人生，讓人害怕！不過，如果你能在真我的幫襯下，調整好身體的氣場，建立正確的人生態度和良好的人生觀，我想，你的人生路，肯定順風又順水！

3書合購優惠5折！（購書聯繫資訊請見191頁）

不要跟豬
計較人生
定價：380元

「越是痛苦的傷口，越要珍惜」
每個人都有能力讓人生少一點傷心痛苦
因為擺脫讓人抓狂的「豬」，力量就在你心裡！

大家都說是好人的人，感情的歷練卻是千瘡百孔
看似人生勝利組的女強人，卻無法成就幸福美滿的婚姻
桃李滿天下的大學教授，卻對唯一的獨子束手無策
作奸犯科的殺人犯，到了行刑前一天才被發現是個孝子

這些看似命運的事件，其實都是因果。

人生就像一本帳簿，

而且是一筆歸一筆記錄分明的因果帳

每個人的生命裡，總會出現讓我們無法理解的現象，

這些現象都是由緣分（是非與因果）堆積出來的。

緣分有好有壞，好的緣分讓人心花怒放、眉開眼笑；

壞的緣分讓我們悔不當初、心痛不已。

然而，無緣的人不會產生因果牽扯，因此縱使緣分為

我們帶來喜怒哀樂，甚至引發悲歡離合，那我們至少

要學會讓心沒有一絲一毫的動搖，如禪的定與靜，並

且試著不要跟「豬」計較人生！

靈魂秘笈 3：不要跟
豬計較人生
作者：郭德芬（玫瑰老
優惠價：9折342元

靈魂秘笈 3：不要跟豬計較人生
郭德芬（玫瑰老師）著
零極限 出版

原價 380元 79折 特價 300元
🛒 購物車

▲ 金石堂網路書店週暢銷書排行榜 No.17
◀ 博客來暢銷新書榜 No.21

天堂轉角的咖啡屋

定價：380 元

一本通靈人的學習筆記、獨一無二的靈魂工具書
教會你認識靈魂，別再沉迷似是而非的故事、盲目祈求
邪門歪道！

你相信鬼魂與靈魂嗎？
你知道你拜的是人、是神還是鬼嗎？

每個人都在好奇關於靈魂、鬼魂的傳聞，都想了解通靈

人到底是真是假？

於是我們都被以訛傳訛、似是而非的各種傳說所迷惑，甚至沉迷。

作者郭德芬（玫瑰老師）自幼深受疾病之苦長達數十年之久，兩度與死神擦身而過，歷經生死交關奇蹟似的復原，更因此開啟了天賦能力──通靈。

本書詳實紀錄郭德芬（玫瑰老師），開啟能力後在「靈魂專修班」中的學習之路。

完整揭開通靈人的神秘面紗，破除各種「傳說」，教你最正確的靈魂知識！

TOP 1

天堂轉角的咖啡屋

作者：郭德芬（玫瑰老師）
優惠價：79折300元

1

天堂轉角的咖啡屋
郭德芬（玫瑰老師）著
零極限 出版

原價 ~~380元~~ 79折 特價 300元

🛒 購物車

▲ 金石堂網路書店週暢銷書排行榜 No.1
◀ 博客來 30 日暢銷榜 No.1

看見上帝的狗
生死輪迴和自我超渡的中陰聖經

定價 450 元

死亡是什麼？

死前會有什麼徵兆？

死後的世界是什麼模樣？

從斷氣到轉世間，我們做了什麼又去了哪裡？

對於一線之隔的生與死，多數人只肯談生，卻避而不談死。其實，「死亡」正是幫助我們了解生命的關鍵。

死亡並不可怕，你只是因為「未知」而害怕。

就讓這本書帶領你解開生與死的問題，幫助你建立正確的生死觀，奠定靈魂的正確認知！

現在請問自己兩個問題：

1. 面對人生，你認識自己、滿意現在的一切嗎？
   努力讀書、朝九晚五或無限加班的生活，為的是什麼？生命的意義又是什麼？

2. 如果下一刻就要面對死亡，你做好準備了嗎？
   你是否會後悔、遺憾做過或還沒做過的某件事？
   你的遺言會是什麼？

如果這些問題你都可以正確回答，恭喜你擁有正視生死的心靈智慧；如果不行，現在就是你重新省思的重要時刻！

本書以真實的故事、淺顯的文字，將嚴肅的生死議題變得易懂、易親近。告訴你在生時，要懂得珍惜人生與人身；在死前，懂得自己幫助自己完成靈魂與肉體的分離；更說明在死後的轉換期（中陰身）所遇之事，讓我們對於死亡有更完整的認識。

聯繫玫瑰老師

郭德芬（玫瑰老師）

通靈算命網（曼陀羅心靈禪）

roseku2008.pixnet.net

靈魂祕笈七

第一次愛上自己 發現來自靈魂的訊號

樂活誌 44

發 行 人：蔡嬪琪
作　　者：郭德芬（玫瑰老師）
總 編 輯：常　璽
責任編輯：胡郁婷
美術設計：I.C.
內頁排版：Ting.
出版發行：零極限文化出版社
客服電話：02-2606-8228
公司傳真：02-2606-8238
公司地址：新北市林口區麗園路 28 號
官方網站：www.eastgold.cc
客服信箱：win.servic@gmail.com

商務整合：點石成金文創志業有限公司
印　　製：彩峰造藝印像股份有限公司
總 經 銷：聯合發行股份有限公司
電　　話：02-2917-8022

版　　次：2019 年 12 月 第一版
定　　價：390 元

國家圖書館出版品預行編目 (CIP) 資料

靈魂祕笈. 七：第一次愛上自己：
發現來自靈魂的訊號 / 郭德芬著.
-- 第一版. -- 新北市：零極限文
化，2019.12
　面；　公分. --（樂活誌；44）
ISBN 978-986-98282-5-3（平裝）

1. 輪迴 2. 靈魂

216.9　　　　　　　108021585

PRINTED WITH SOY INK

攜手愛護地球，本書使用環保大豆油墨印製。